JN216215

洋服で得する人、損する人

1万人の人生を変えたパーソナルスタイリスト

霜鳥まき子

プロローグ――大人の女性にとって装いとは「名刺」

洋服には人生を変えるパワーがあります

世の中には、「おしゃれになりたいのに、どうしたらいいか分からない」と悩む女性がたくさんいます。

この本は、そんな「洋服の森で迷える子羊さん」のために生まれました。

私はこれまでパーソナルスタイリストとして、1万人以上ものお客様のスタイリングをしてきました。

パーソナルスタイリストとは、一般の方たちが素敵な装いで毎日を過ごせるようにコーディネイトをアドバイスしたり、ショッピングをお手伝いしたりする仕事です。

私のお客様は、いわゆる「普通の女性」ばかり。お財布の事情もプロフィールも千差万別です。

専業主婦の方もいれば、働いている女性もいます。子どもを持つ方もいれば、いない方も。年齢も10代から70代まで幅広くいらっしゃいます。

それほど女性はファッションへの関心が高く、悩みも深いのです。

そして、洋服の選び方一つで、長年の問題がすっきりと解決することがあります。

見た目の装いだけでなく、心のありようが大きく変わってくるからです。

実際に、ファッションと人生ががらりと変わったお客様を私は大勢、見てきました。

「幸せ服」を手に入れることで、思い通りの人生を歩むことができる。それをお伝えしたいと思います。

そのためにすべきたったひとつのことは、今、持っている服の中から1着の「幸せ服」を見つけ出すことです。

たった1着、「これが大好き！」という服を見つけることができれば、あなたの人生は大きく変わっていくはずです。

「幸せ服」は、ファッションのセンスを磨いてくれるだけではありません。あなたに自信を持たせ、未来を拓《ひら》くきっかけを作ってくれます。

キャリアアップを目指す人なら、夢が実現しやすくなります。幸せな結婚を望む人なら、男性からのアプローチに変化があらわれるでしょう。

家族関係に悩んでいる人なら、母や妻としての自信をつけてくれる「幸せ服」を着ることで、夫や子どもとの関係が変わってくると思います。

将来にぼんやりとした不安を感じている人は、未来がクリアになり、目標が立てやすくなるので、新しいことにもどんどんチャレンジしたくなるはずです。

自分が変わることで周囲との人間関係も変わっていく。それくらい洋服には、人生を変えていくパワーがあるのです。

今、あなたはクローゼットからあふれそうなほど、たくさんの洋服を持っているのに、「着る服がない」「何をどう着たらいいか分からない」と悩んでいるのではないでしょうか。だからこそ、この本を手に取ってくださったのだと思います。

今のあなたは、洋服の山に埋もれ、自分の魅力を見失っているだけです。

そして、その最大の原因は、洋服を持ち過ぎていることです。「幸せ服」のありかを大量の「不幸服」が覆い尽くしているのです。

「幸せ服」は、あなたの人生を導いてくれる羅針盤《らしんばん》のような存在です。どんな船でも、羅針盤がなければ、目的地にたどり着くことはできません。

「不幸服」の嵐に巻き込まれている遭難状態から一刻も早く抜け出し、「幸せ服」で輝く未来を手に入れましょう。

クローゼットはあなたの人生劇場

パーソナルスタイリストの仕事は、お客様の家にうかがって、クローゼットを中心にすべての服を拝見するところから始まります。靴もバッグもアクセサリーも全部、出していただきます。はい。ものすごい数です。1部屋が服であふれ返ります。

これまで訪問したお宅で、お気に入りの服やアクセサリーだけを厳選して持っている方は、ほとんどいらっしゃいませんでした。服を何十着も持ち、納戸や子ども部屋にまで押し込めていた方もいます。どこに何があるかも忘れてクローゼットチェックが終わってから「霜鳥さん、まだ押し入れにありました」とメールを送ってくる方もいました。

そんな方たちに「よく着ている服はどれでしょうか?」とうかがうと、数着、多くても10着程度です。

さて、あなたの場合はどうでしょう。間違いなく、着ていない服があるはずです。それもたっぷりと。

なぜ着なくなったのか、理由を考えてみたことはありますか。

「買ってはみたけれどサイズが合わなくなった」

「ライフスタイルが変わり、着ていく場がなくなってしまった」

「10年以上も前に買った服だった」

「合わせる服や靴、バッグがない」

「朝、バタバタしているうちに、いつも似たような組み合わせになっている」

など、さまざまな理由があると思います。

服は、体を包むもう1枚の皮膚のようなもの。体の一番外側にある内面として、今のあなたを生々しく映す鏡です。

クローゼットには、これまで生きてきたあなたの人生が詰まっています。

買った瞬間のことを思い出してみてください。

買った瞬間は、どんな理由で手に入れた服でも、新しいものを手にした喜びがあったはずです。それなのに、着なくなってしまった。

私はこう考えます。

買ったときのあなたと今のあなたの望みがずれてきているのではないか、あるいは、服を手に入れたときのあなたが、「本当のあなた」ではなかったのかもしれない、と。

だからこそ、毎日着替えても十分に足りる数の服を持っているのに、「今の私にぴったりの服がない」「夢を叶えるための服がない」と悩んでしまうのです。

それらの服を私は「不幸服」と呼んでいます。そして「不幸服」はどんな服であれ、高かろうが、新品であろうが、今のあなたには必要がなくなった服です。それどころか、幸せになる道を邪魔している可能性すらあります。

そんな「不幸服」は、思いきって手放しましょう。

平均200着、靴40足がぎゅうぎゅう詰めに

私がお客様と接していて感じるのは、洋服はよくも悪くもライフスタイルや考え方、人間関係を表してしまうということです。それもご本人は隠したいと思っていることまで、目に見える形にしてしまうことがあるのです。

ご自宅のクローゼットを見せていただくことは、生活のすべてを見ることと同じです。1着1着をていねいに扱い、定期的にクリーニングに出し、保管用カバーを掛けているような方は、たいてい美しく整えられた部屋で暮らしていらっしゃいます。

気づかいも細やかで、お目にかかるたびに、ちょっとしたプレゼントをくださったり、うれしくなるような言葉をかけてくださったりすることもあります。

そんな方は、普段から「装い」を見つめる時間があるため「幸せ服」を見つけるアドバイスをすると、あっという間にファッションを柔軟に修正され、今の自分に合っ

た素敵な装いに変わっていきます。

もちろん、そんな上級レベルの方は、ごくわずかです。

これまでの経験から言えば、多くの方が洋服を大小合わせて200着、靴を40足程度は持っています。そして、無理矢理、クローゼットやチェストに押し込んでいるため、シャツやワンピースにシワが寄っていたり、気づかないうちにセーターが毛玉だらけになっていたり、古着を処分しきれていなかったりと、生活に追われ、洋服を管理しきれていない状況です。

洋服がその状態ですから、家の中も推して知るべし。一生懸命、掃除されていても、やはりどこかに整理しきれていない雑然とした場所があるのです。

クローゼットチェックはパーソナルスタイリストにとって、お客様が望む姿を探るカウンセリングの時間でもあるのですが、お話ししていると、悩みを打ち明けられることもあります。

ある方は、人生がうまくいかないイライラが高じて、ご主人やお子さんについ厳しい言葉をぶつけてしまうことを悩んでいらっしゃいました。仕事や婚活が思うようにいかないことで自分を責めたり、将来に漠然とした不安を感じていた方もいます。

クローゼットの中を拝見すると、その悩みや迷いの歩みがひしひしと私には伝わってきます。

この本を読んでいらっしゃるあなたも、ご自分のクローゼットを思い浮かべ、「私のことかも」と思われているのではないでしょうか。

あなたには、自信を持ってすぐに着られる服がどれくらいあるでしょうか。ボーイフレンドやお友だちから急な食事の誘いがあったときに、格式のあるレストランでも堂々と入れるコーディネイトはできていますか。

「今すぐには無理だわ」と、答えられる方が多いと思います。

装いに自信がない方は、忙しさに追われていたり、悩みがあったりして、生活にゆとりがないことが多いのです。年齢が上がり、容姿が変わってきたことや周囲の評価に振り回されて、自信を失っていることもあります。

そして何より洋服の数が多過ぎて、自分にぴったりの服を選び、コーディネイトすることができず、管理にも手が回らない状態です。

だから、少しでも解決の糸口がつかめるのではないかと、私に相談に来られるケースがとても多いのです。

人は９割見た目で、あなたを判断しています

洋服が、ただ着る人の個性を表すのであれば、好きな服を誰の目も気にせず、堂々と着ればいいはずです。

でも現実には、毎朝、何を着ようか、どんな組み合わせがいいのか、悩んでいます。そして、やっと決めた服なのに、外出先で鏡に映る自分を見るとがっかりして帰りたくなってしまう。

なぜ私たちは、これほどまで着る服に悩むのでしょうか。

洋服が持つ一番の役割は、体温を保ったり、ケガから体を守ることです。でも、もう一つ、大切な役割があります。それは、周囲の人や社会との関係をスムーズにするコミュニケーションの道具としての役目です。

ふだんの生活の中でも、服が持つコミュニケーション力は大きな働きをしています。

たとえば、初対面の人と会うとき、あなたはどこを見ているでしょうか。

顔立ちや表情、声、動作も気になりますが、着ている服や装い方も目に入っているはずです。その姿が他の人と違っていたり、個性が際立っていたりすると、印象が強くなると思います。そして、その印象もいろいろです。

よく似合っていて格好よかったり、清潔感があったり、明るそうに見えたりと、ポジティブな印象を与える装いなら好感度が上がり、親しくなりたいと思うでしょう。

でも、汚れていたり、だらしなく見えたりするネガティブな装いだと、相手がなんとなく信用できないような気がしてきませんか。

そんなふうにあなたが服を通して他人の印象や性格を推測しているように、他人もあなたの服装を見ています。しかも、他人の評価は、鏡で自分の姿を見ているときよりも、ずっと厳しいものなのです。

人間がどれくらい見た目で他人を判断しているかといえば、私は「9割」と答えます。それほど人は無意識のうちに、洋服をコミュニケーションの重要な道具として扱っているのです。

自分も他人も幸せにするのが「幸せ服」

今、あなたが装いに迷うのは、「幸せ服」の羅針盤がないからなのです。

「幸せ服」を見つける秘訣は、〝服を着た自分を見たときに、ワクワクして気持ちが盛り上がるかどうか〟です。

気分が盛り上がる服を着ているときは、自己評価だけでなく、無意識のうちに、「他人の目」も評価の中に入っています。

「この服を着るとすっきりして見える」

「この服は私を幸せそうに見せてくれる」

「人前で恥ずかしくなくなる」

「この服を着ると、ほめられる」

と、自分だけではなく、周囲からの評価も含めて満足感を得ることが多いのです。

自分も周囲も幸せを感じることができる服。それが、「幸せ服」なのです。

「幸せ服」を着て気分が盛り上がると、心が晴れやかになり、笑顔が自然と出てきます。服にふさわしく、もっとおしゃれに見せたくなり、背筋がすっと伸びてきます。

立ち居振る舞いも「幸せ服」に合わせて機敏に動きたくなったり、エレガントに動きたくなります。心にゆとりが出てくるので、人への接し方もやさしくなっていきます。

この仕事を通じて目の当たりにしたことは、何を着るかで、得する人と損する人がいるということ。「本当はいい人なのに性格で損する」どころではありません。装いだけで損している人がたくさんいるのです。逆に、装いだけで得している人もいます。「幸せ服」が1着あれば、必ず〝お得〟がついてきます。その効果は絶大です。

私のお客様でこんな方がいました。ＩＴ関連企業で働き、ご主人とお嬢さんと暮らす40代の女性です。

若い頃からＯ脚で悩んでいた上に、育児や家事で背中を丸めることが多かったこと、仕事で一日中、パソコンに向かっていたことから、猫背がひどくなっていました。

ある日、鏡に映った自分の姿を見て「まるでお猿さんみたい……」と、愕然としたそうです。「なんとかしなければ」と思っていたものの、どんな装いが自分にふさわしいのか分からなくなり、私のところへ相談にいらっしゃったのです。

初めてお会いしたときは、全身がブラウン一色。長袖のトップスにロングスカートと、できるだけ「周囲から浮きたくない」「肌と体型を隠したい」という気持ちが伝わってくる装いでした。

茶色はお客様に似合う色でしたが、お客様は、茶色を全身に使っていたため、地味な印象が強調され、実年齢以上に老けて見えたのです。

このような女性は、40代以上にとても多いケースです。体型に自信がなくなり、落ち着いた色や体型を目立たなくするファッションを選ぶことが多くなります。それがかえって、体型の難点を目立たせたり、実際の年齢より老けて見せてしまうことがあるのです。

このお客様は、私のカウンセリングをきっかけに、体のラインがきちんと出る女性らしい服が好きなことが分かってきました。

私たちスタイリストは「幸せ服」がクローゼットの中に隠れていないか、1枚1枚、チェックします。そして見つけました。お客様の首筋から胸元にかけてのデコルテの美しさとヒップの高さを強調し、優雅に見せてくれるジャストフィットのインポートワンピースがあったのです。お客様も私も気持ちが盛り上がり、ワクワクしてくる納得の1着でした。

その方は、1着の「幸せ服」との出会いがきっかけで、猫背を治すレッスンに通い、そのワンピースにぴったりのビジューアクセサリーを合わせ、みちがえるほど自信と輝きを取り戻されました。

たった1着、けれど大切な1着が、お客様に自信をつけ、夢をつかむ羅針盤になってくれました。そして、その変化はお客様だけでなく、ご主人や周囲の人も幸せにし、人生を豊かにしてくれることにもなったのです。

あなたのクローゼットにも、そんな「幸せ服」がきっと眠っています。「幸せ服」を一刻も早く見つけ、どんどん日常着にしてください。「幸せ服」は着れば着るほど幸せを引き寄せるからです。

99着の「不幸服」を持つより、1着の「幸せ服」が持つ強さを信じてください。

「好き」という気持ちで心がいっぱいになれば、誰もが人生を生き抜く力を得ることができるのです。

Contents

『洋服で得する人、損する人』

Contents

Contents

Chapter 4 洋服のメンテナンスは自分のメンテナンス

Contents

Contents

得するColumn

Chapter 1

「不幸服」を手放すと得をする

Chapter 1／01

1年は365日しかありません

頭の中で正確な服の数を計算できますか？

「今日も着る服がない」

「何を着たらいいか、分からない」

クローゼットからあふれ出るほど大量の服を持っているのに、今日、着ていく服が決められない。

私の耳には、「いったい去年の今頃は、何を着ていたのかしら？」と、ハンガーを出し入れしながら、途方に暮れるあなたのつぶやきが聞こえてくるようです。

でも、そもそも服は、そんなにたくさん持つ必要があるのでしょうか。1年を過ごすのに何着の服があればいいのか、知っていますか。おそらく、ほとんどの人は、考えたこともないのではないかと思います。

1年は365日しかありません。1日たりとも同じ服を着てはいけないという法律でもあれば別ですが、毎日、着替えるために365枚もの服が必要という考えはナンセンスですよね。

そして、洋服にはシーズンがあります。日本には四季がありますから、さすがに一年中、同じ服で過ごすことはできませんが、春と夏、秋と冬は着回しを工夫すれば、同じ服で乗りきることができます。

1年を2シーズンに分ければ、1シーズンは約180日。週で数えれば、約25週です。1週間、毎日、違う服で過ごしたとしても、25のコーディネイトが組める服があれば、1シーズンは乗りきれるのです。

現実的に考えて、多めに見積もっても、私は1シーズン、トップスとボトムスを合わせて20着もあれば、ふだんのおしゃれが楽しめると考えています。

ポリエステルや綿素材の服は、デザイン次第で通年着ることができますし、季節の変わり目は前のシーズンの服を着ることも多いので、厳選すれば、数はさらに少なくなるでしょう。アクセサリーやストールなどの小物を活かせば、1シーズン10着に絞ってもいいくらいです。

これに冠婚葬祭用の服と、コートなどの冬用のアウターがあれば、十分、満足できるおしゃれが楽しめるはずなのです。

さて、あなたのクローゼットには、どれくらいの数の服があるでしょう。いかに無駄な服を大量に持っているか、気づいていただけるのではないでしょうか。

私が洋服の数にこだわるのは、多過ぎると、1着の服にとことん向き合い、着こなす知恵を絞ろうという意欲が出てこないからです。おしゃれ上手になるには、洋服に対して適度な緊張感を持つことが欠かせません。

緊張感がなくなると、毎日、漫然と目についた服を着て過ごすようになります。「前の日と違う服を着てさえいればいい」とばかりに怠け心がどんどん育ち、考える力を奪ってしまいます。

人間の記憶力には限界がある

洋服を雑に扱うことの怖さは、緊張感や主張のなさが、装いだけでなく生活のすべてに影響してくることです。

服は、朝に身につけたときから帰宅して着替えるまでの間、体を包んでいます。一日の大半を一緒に過ごしているのですから、いいかげんに選んだ服が肌を通して心のあり方に影響してこないわけがありません。

また、洋服の数が多過ぎると、どのアイテムをどう組み合わせたらおしゃれに見えるのか、判断するまでに時間もかかります。

パーソナルスタイリストの世界では、プロ以外の人が着回しできる服は、目に見える範囲の数と言われています。人間の記憶力には限界があるからです。いくらたくさんの服を持っていても、どこにあるのか把握できていない服は、持っていないのと同じです。

つまり、クローゼットをパッと見たとき、視界に入ってくる服でしか、人はコーディネイトを考えられないのです。

おそらくあなたは毎朝、クローゼットを眺めて、「さぁ、今日は何を着よう」というところから、コーディネイトを始めているはずです。

あなたらしさを表現する「幸せ服」も決まっていない。それに合わせるアクセサリーやストールなどの小物も決まっていない。アイテムをしまっている場所の記憶も曖昧。しかも、朝は何かと慌ただしいもの。コーディネイトを考える時間は、せいぜい10分くらいだと思います。

そんな状況で、大量の服の中から、おしゃれなコーディネイトを考えようというのは、どう考えても無理があるのです。

Chapter 1 / 02

手放すことで、クローゼットは潤う

「もったいない」のは服ではなく自分の人生

そんな「洋服の森で迷える子羊さん」から脱出し、究極の「幸せ服」を見つけ、おしゃれ上手になるためには、まず「不幸服」を処分することです。おしゃれな人は、自分の価値を下げてしまう「不幸服」を1着も持っていないからです。

「幸せ服」を見つける前に「不幸服」を選び出すのには、理由があります。

大量に集まった服の中から、いきなり究極の「幸せ服」を見つけようとすると、「これかしら」「こっちかも」と迷いが生じます。そうならないために、「不幸服」と分かるものを処分し、数を絞っていくほうが早道なのです。

「不幸服」を見つける第一歩は、クローゼットやチェストなどから洋服をすべて出す「クローゼットチェック」です。椅子に掛けっぱなしの服など、しまい忘れている服まで、すべて集めてください。

全部の服を出したら、アクセサリーやストール、帽子、バッグ、ベルト、時計、ソックス、靴まで、装いに関わるものも、部屋の1カ所にまとめて出してください。

どれくらいの量になると思いますか。間違いなく、「こんなに大量の服を持っていたのね」と、唖然とされると思います。これも私がクローゼットチェックにうかがうと、ほぼ100%、聞く言葉です。

それほど持っていないと思っていても、全部、出してみると、驚くほど持っていることが多いのです。

似たようなデザインや色、柄の服もたくさんあるでしょう。持っていることをすっかり忘れていた服もあると思います。目の前の服の山を見て、どうぞうんざりしてください。それだけの大量の服があなたの肩や背中にずっしりと重くのしかかっていたのです。服の迷路で身動きがとれなくなるのも当然ですよね。

ここで大切なのは、大量の服をしっかり見ておくことです。ぜひ写真も撮っておいてください。

人は自分が見たくないものからは、目をそむけたくなるものです。でも、目の前にある服の山は、過去に必要と考え、お金を払い、手に入れた服です。あなたの歴史であり、無駄な出費の証《あかし》です。二度と服の迷路に迷い込まないためには、過去の自分ときちんと向き合っておきましょう。

十分、過去の自分にがっかりしたら、次は、「不幸服」を見極める作業です。

「着ても楽しくない服」

「気持ちが盛り上がらない服」

これが「不幸服」です。

お店ではいいと思って買ったのに、家で着てみたら、太って見えたり、足が短く見えたり、顔色が冴えなく見えた服。お気に入りだったけれど、黄ばんでしまったり、生地がよれてきたり、時間の経過とともに劣化している服もあると思います。これから手入れをしても、取れそうもないシミや汚れのある服が見つかるかもしれません。

それらの気分を盛り下げる服、着るのに抵抗を感じる服は、まぎれもなく「不幸服」です。処分する服としてより分けましょう。

クローゼットチェックでは、すべてを「不幸服」と「幸せ服」候補の2つに分けていきます。グレーゾーンの服を残すことは許されません。

もし、迷う服があった場合は、「不幸服」と考えてください。迷っているということは、好きかどうかが分からないということ。私たちが探している「幸せ服」は、どんなときでもこの服があれば自信が持てるという究極の1着です。「不幸服」は、潔く処分してほしいのです。

「せっかく買ったのに、もったいない」と、ためらいを感じる方もいると思います。

でも、あなたは幸せになりたいはずです。もったいない気持ちにこだわっていると、「幸せ服」にたどり着くまで無駄な寄り道をすることになります。

「幸せになろう」という気持ちがしぼんでしまい、最後の1枚を見極める前にタイムアウトになってしまいます。そうなると、いつまでも曖昧な気持ちを引きずったまま、これからも同じ暮らしを続けることになります。

どう処分するかは後回しにして、クローゼットチェックでは、「服を着たときの気持ち」に集中してください。

自撮り写真で「幸せ服」診断

服に触っただけでは気持ちがよく分からないときは、実際に着た姿を鏡に映し、スマートフォンなどで自撮りしてみましょう。できれば、靴もはいてから自撮りすると、より正確に判断できます。写真にすると、鏡で直接見るより客観的に見られるので、雑誌を見るように厳しい「ダメ出し」をしやすくなるのです。

鏡は上半身しか映らないような小さいタイプではなく、必ず頭からつま先まで全身が映る鏡を使ってください。スタンドタイプの全身鏡の場合は、できるだけ壁にまっすぐ立てかけ、鏡が斜めにならないようにしましょう。体が斜めに映ると、全身のバランスを正しく評価できないからです。

また、部屋も明るい状態にしてください。暗い部屋では、色もデザインも正確に把握できません。

自撮り写真を見るときのポイントは、3つあります。
①肩幅や袖丈、パンツの幅や長さなど、サイズがきちんと体に合っているか
②全身のバランスが取れているか。上半身が下半身よりも長く、寸胴に見えたり、足が短く見えるのは、バランスが悪い証拠
③色やデザインが自分のキャラクターに合っているか
「不幸服」をこのようにより分けていくと、どんな服が似合わないのか、どんな服を着るとストレスを感じるのか、自分の弱点や苦手なことが分かってきます。

服をきっかけに過去のできごとを思い出すことで、今の自分が成長していることに気づくこともあるでしょう。

クローゼットチェックは、単なる洋服の整理とは違います。洋服の整理はきれいに収納したり、出しやすくしたりするのが目的です。生活の効率が重視されます。

でも、クローゼットチェックは、これまであなたの体を包んできた洋服を見直すことで、過去の自分と向き合う作業です。

私がお客様と一緒にクローゼットチェックをするときも、「そういえば、思い出したんですけど……」「気に入って買ったんだけど、なぜか着ないのよね」と、作業をしながら、洋服との思い出を語る方が多くいらっしゃいます。

これまであなたは、笑ったり、泣いたり、怒ったり、いろんな感情を乗り越えながら生きてきました。そして目の前に積み上がっているのは、つらかったり、楽しかったり、寂しかったときに、あなたを包んできた服です。誰よりもあなたの人生を一番よく知っているパートナーです。

そんな服をじっくりと見直すことは、あなたの人生を振り返ることと同じ。そして、明るい未来は、その人生の棚卸しが終わった先に待っているのです。

Chapter 1 / 03

「幸せ服」は1着で3着になる

「スタイル」は頭を使って作る

ほとんどの人は、大量に積み上がっていた服が少なくなると、「この服で着回せばいいのでは？」と思いたくなります。でも、そこにクローゼットチェックの「トラップ」があります。

一見、「幸せ服」候補に見える服には、まだまだ「隠れ不幸服」が潜んでいます。ここで終わりにしてしまうと、あなたは数日後、間違いなく「服に迷える子羊さん」に戻ってしまいます。

なぜ「幸せ服」は1着なのでしょうか。

その答えは、「幸せ服」が持つ役割にあります。「幸せ服」は、ファッションと人生の羅針盤になってくれるものです。おしゃれは「どんな自分になりたいか」「どんな装いが似合うのか」、目指す方向と着地点が分かっていなければ、理想のスタイルにはいつまでたってもたどり着けません。そんな迷える女性を望む方向に導き、理想の自分に近づけてくれる羅針盤が、「幸せ服」なのです。

「幸せ服」を手に入れると、これからどんな方向を目指せばいいのかが分かってきます。それだけでなく、これからどんなアイテムを選べばいいのか、どう組み合わせたらいいのかも見えてくるのです。

「幸せ服」が1着でいい理由は、もう一つ、時代とともに変わってきたおしゃれの定義も関係しています。毎年、流行が大きく変わっていた頃は、最新の流行に合わせたアイテムを持つことがおしゃれ上手になる早道でした。去年の服を着ていると、一目で「流行遅れ」と分かってしまいますから、女性たちは毎年、服を買い集めることに必死でした。そんな生活では、当然、服はどんどんたまっていきます。

でも、今の流行はゆったりとした流れに変わっています。去年のアイテムであっても、今年らしいデザインのアイテムや小物を1~2個プラスし、着回しを考えることで、十分、最新のファッションに見せることができます。

現代のおしゃれは、数多くのアイテムを持ち、洋服を取っ替え引っ替え着ることではありません。その人らしい「スタイル」を持つことです。

服の魅力を活かしながら、自分らしい美しさや個性を表現できるかどうか、どれくらい服を愛し、着回す知恵を持っているかどうか。1着の服にこだわり、愛情を持っている人が「おしゃれ上手」と言われる時代なのです。

「幸せ服」を見つけることができれば、いくらでも違う雰囲気のコーディネイトを作ることができます。

たとえば、あなたの「幸せ服」がワンピースだったとしましょう。ネックレスが1本、ストールが1本、ベルトが1本あったとします。

ワンピースにネックレスを合わせる日、ストールを巻く日、ネックレスとベルトを合わせる日だけで、3通りのファッションを楽しめる「スリーコーディネイト」が完成します。ストールとベルトを合わせると、4パターンの完成です。自信を持って堂々と着られる「幸せ服」があれば、コーディネイトはとても簡単になるのです。

しかも、どんなコーディネイトを楽しんでも、「幸せ服」があればおしゃれの芯がぶれることはありません。あなたらしいスタイルの方向性をいつでも思い出すことができるので、冒険もしやすくなるでしょう。

「幸せ服」を手に入れると、こんなふうにいろいろなことがすっきりと整理され、装うことがとてもシンプルになります。そして、その心地よさは、気持ちのあり方やライフスタイルにも、とてもいい影響を与えてくれるのです。

「幸せ服」は1着で3着

Chapter 1 / 04

「いつか着る服」は一生着ない服

「やせたら着る服」は人生のブレーキ

では、あなたの幸せを邪魔している「不幸服」をどんどん探していきましょう。まず「不幸服」は、「いつか着よう」「やせたら着よう」と思っている服です。

私のお客様にも、「将来、着たい」と大事に保管している方がたくさんいます。でも、その「いつか」は、いつなのでしょうか。

残念ながら、いつか着る日は永遠に訪れません。

素敵なのに「すでに着ていない」、あるいは「今まで一度も」着ていない理由を考えてみてください。

手で持っているときはおしゃれに見えるのに、着てみると似合わないと感じたり、合わせる服を持っていなかったり、着心地が悪かったりしているからですよね。

そんな気持ちをネガティブにさせる服は、おしゃれ上手を目指すあなたにブレーキをかけ、不幸にしているだけです。

もし、どうしてもこの服は処分できないと思うのなら、「幸せ服」に昇格させて、毎日着るくらいの覚悟を持ち続けてください。

サイズが合わなかったり、着心地が悪いのであれば、お直ししたり、ダイエットに励むという手があります。

「合わせる服がない」というのなら、手持ちのアイテムを「全部」、合わせてみてください。「ないない」と言いながら、合わせてみたことがあるのは一部の服だけのはずです。全部のアイテムを合わせてみれば、着こなすアイデアが浮かぶかもしれません。

「この服が大好きだから、なんとしても着こなしたい」という情熱が持てる服なら、立派な「幸せ服」になってくれます。

でも、それができないのは、今の自分とのミスマッチが生じているからです。

あなたはさまざまな経験を経て、ここに存在しています。好みや体型が変わったり、着ていく場が変わってきたり、心も体も生活環境も変化しています。「いつか着る服」は、その変化についてこられなかった服です。

たとえば、ダイエットが成功して着られる日が訪れたとしても、そのときのあなたは体重管理がうまくいったという成功体験を得ているので、ワンランクアップした存在になっています。

スリムになった体を見て、新しい自分に合った服が欲しいと思うようになるでしょう。そしてその服は、クローゼットに取っておいた「やせたら着る」服ではありません。袖を通した瞬間、「何かが違う」と感じるはずです。

前向きな気持ちに水を差す「不幸服」を未来に持っていってはいけません。今、決められないからといって、先に延ばそうとずるずる過ごしているうちに、人生は終わってしまいます。

「不幸服」は持っていれば持っているほど、迷いを生じさせます。

ここが勝負という出会いやチャンスを逃したり、いつまでもオンリーワンになれず、決め手に欠けた納得のいかない人生を送ることにもなりかねません。

幸せになるために、潔く手放しましょう。

着ていない「不幸服」は、保管しているだけで災いを呼び込んでしまう「負」の象徴なのです。

Chapter 1 / 05

無難な服は、個性を殺す

仕事も恋のチャンスもスルリと逃がす

次の「不幸服」は、「無難な服」です。

誰にでも合いやすく、周囲の人に批判されにくいデザインなので、控えめでいることを求められる職場の女性によく見かけます。

典型的なのが、早朝のテレビ番組に出演しているお天気キャスターです。堅い職場のＯＬさんが着ていることもよくあります。

彼女たちのファッションは、たいていベージュかグレー、紺、黒のベーシックカラーで、柄はほとんどありません。化繊のカットソーに膝丈のスカート、あるいは、体の線をゆったりと隠すシンプルなワンピースを着ています。

「無難な服」は、着方を工夫したり、サイズ感がパーフェクトであれば、「シンプルシック」になるので、ファッションアイテムとして、決して悪いものではありません。でも、何の工夫もせずに着てしまうと、個性を隠す「地味な装い」になってしまいます。

私のお客様でこんな方がいました。独身で30代後半の女性です。

クローゼットの中は白やベージュ、グレーの無難な通勤服ばかり。スーツやカットソー、ブラウス、膝丈のスカートとベーシックなアイテムしかありません。デザインといえば、トップスの襟についている小さいリボンやビーズが少し目立つ程度です。「控えめにしていたほうが、男性に好感を持ってもらえそうだから」と、甘めのファッションをしていました。

堅い職種でしたし、TPOを考えると悪くない考えですが、30歳を過ぎ、重要なポジションを任されるようになっていたお客様には、ミスマッチの装いでした。人を引っ張る立場にもかかわらず、甘めのファッションが幼く見え、リーダーシップに欠ける女性に見せてしまっていたのです。

しかも、お客様が私の元へ相談に来られたのは、「キャリアアップを目指したいのに、なかなかうまくいかない」と悩まれていたから。海外に出て、もっと活躍したいという夢を持っていたのです。

年齢を重ねた今こそ、スタイルが求められる

私は驚いて、失礼ながら、「そんな上昇志向があるようには見えませんよ」と思わず口にしてしまいました。

クローゼットの中が「無難な服」ばかりになったのは、毎日、同じ時間に出社し、同じ職場で働き続けるうちに、ファッションを考える必要がなくなってしまったからでした。20代に揃えた服のまま、30代に突入していたのです。

「不幸服」をいつまでも手放さなかったことで、夢を遠ざけてしまった典型と言えるでしょう。

はっきり申し上げて、「無難な服」を着て似合うのは、社会人としての経験が浅い20代までです。

誰にでも似合う服を着ながら、個性をアピールするには、はつらつとした若さが必要です。着こなしの経験が不足していても、周囲は「若いから」「謙虚」と許してくれます。

でも、逆に言えば、「無難な服を無難に着る」のは、大人の女性として一人前ではないと語っているようなものなのです。

とはいえ、「無難な服」を選んでしまう女性たちには同情すべき点もあります。

日本人は、幼い頃から制服文化を叩き込まれています。制服を着ていればオールマイティの世界で過ごし、18歳になったとたん、きちんとした洋服教育を受けないまま、私服デビューさせられてしまいます。

就職活動のときも、ハウツー本に載っているのは、定番のリクルートスーツばかり。悪目立ちしたくないからと、全員が全員、真っ黒なスーツを着ている姿は、まるでお葬式に向かう集団のようです。

社会人になってからも、会社によっては、おしゃれは罪になります。目立つ格好をすれば、上司やお局様、同僚からチクチクと嫌みを言われかねません。

女性ファッション誌をめくれば、「いかに男性に愛されるか」を重視したコーディネイト特集が頻繁に組まれています。

そんな情報だけが入ってくる環境にいれば、「よく思われよう」より「嫌われないようにしよう」という後ろ向きの意識が強くなってしまうのも、致し方ないと思います。

でも、あなたがこの本を手に取ったということは、「こんな私じゃダメ」と気づいたのだと思います。

私は勇気を出した女性たちに、こう励ましたい気持ちでいっぱいです。

「年齢を重ねた今だからこそ、立ち上がれ！」と。

「幸せ服」候補の中に、当たり障りのない「無難な服」があったら、「不幸服」の山へ移動してしまいましょう。

それでは「幸せ服」が1着もなくなってしまうという場合は、「無難な服」をもう一度、じっくり眺めてみてください。

その中にも「いざというときの勝負服」というお気に入りのアイテムがあるはずです。その1着が、今の時点でのあなたの「幸せ服」です。

「無難な服」でも、「好き」「私に似合う」と、気持ちが動かされるものであれば、ストールを巻いたり、ヘアスタイルやメイクで個性を際立たせたり、着回し術を駆使すれば、あなたを魅力的にしてくれる「幸せ服」に変身する可能性はあります。

30歳を過ぎたら、「無難な服を無難に着る」のは御法度。それを肝に銘じてください。

Chapter 1 / 06

チュニックがおばさんを作る

「猫背」「内股」「ぽっこりおなか」は隠せない

次の「不幸服」は、チュニックです。

チュニックは、若い頃からふくよかだったり、体型が気になりだした30代以上の女性に人気の服です。街でも似たようなチュニックを着て仲良く連れ立って歩く女性たちの姿をよく見かけます。

でも、チュニックは、オバサン化を加速させる、とても危険な「不幸服」。とくに、バストからウエストにかけて、ふんわりと広がるAラインのチュニックには、注意が必要です。体型の欠点を増長させてしまうおそれがあるからです。

日本女性の多くは、「猫背」「内股」「ぽっこりおなか」という服の着こなしを邪魔する3大欠点を持っています。

20代であれば、筋肉が引き締まっているので、これらの欠点はあまり目立ちません。

でも、30歳を過ぎ、基礎代謝量が落ちてくると、体重は変わらなくても体型が変わってきます。

背中に肉がついてくるので、猫背が目立つようになります。下腹部に皮下脂肪がつき、おなかがさらにぽっこりします。お尻も下がってくるので、ウエストから腰回りがぼんやりとしたボディラインになってきます。

また、育児や家事は、前屈みにならなければこなせない仕事が多いものです。デスクワークやスマートフォンの操作も同様です。前屈みの姿勢は肩が前に出るので、背中がどんどん丸くなっていきます。

「幸せ服」候補にチュニックが残った人は、自分の姿を鏡で見てみてください。とくに横から見てほしいのですが、背中が丸くなり、おなかがぽっこりとふくらんでいる姿は、まるで童話の森に住んでいる「小熊ちゃん」のように見えませんか。

しかも、チュニック好きの方は、なぜか茶系の服を着ることが多いのです。丸みを帯びた体に茶色の服を着たのでは、ますます森の小熊ちゃん化してしまいます。

あなたが本来持っている魅力も美しさも、小熊ちゃんファッションにかき消され、「ほっこりした人」というイメージで、体型をひたすら隠そうとしているナチュラル志向のオバサンにしか見えないのです。

緊張感が美しいラインを作る

もう一つ、チュニックを着続けることは、将来の健康に悪影響をおよぼす怖さもあります。

体を締め付けないゆるい服を着ていると、体が甘やかされるので、どんどん太っていきます。その結果、肥満と老化を加速させてしまう心配があるのです。

体のラインが出る服を着ていれば、自宅の鏡でファッションチェックするときはもちろん、外出先でもショーウィンドウに映る姿が気になります。「ちょっとおなかが出てきたかしら」「私、猫背になってる」と、体型や姿勢を日々、気にするようになります。

でも、チュニックはすっぽりと体を隠してくれますから、体重が増え、おなか回りがさらに太くなっても、なかなか気がつきません。おしゃれとは言えないゴムウエストのパンツやスカートも、チュニックが隠してくれるので、ラクな服ばかり着るようになってしまいます。

体に関心を持たなくなると、「少しくらい食べ過ぎても大丈夫」と、気もゆるむでしょう。そして、ますます体重オーバーの道をまっしぐらに進むことになるのです。

気のゆるみは、体の動かし方にも悪い影響を与えます。緊張感がなくなると、ひざがゆるんで曲がったり、外に開いた状態で歩くようになります。そうなると太ももの内側やおなかの筋肉が衰え、骨盤がどんどん開いてしまい、O脚やむくみの原因になります。

また、体が重いので、機敏に動けません。のろのろ動くようになると、筋肉はさらに衰えてしまいます。基礎代謝量は筋肉量に比例しますから、ますます太りやすい状態に。最悪の場合は、重くなった体を支えられなくなり、歩くときにひざや腰が痛くなったり、杖が必要になることもあるのです。

体をすっぽり隠す「不幸服」のチュニックは、未来の輝きも曇らせてしまいます。勇気を出して、女性らしいラインを活かす「幸せ服」を着てください。

最初の頃は体型に自信がなくても、「幸せ服」を着続けるうちに、「しゃんとしなくちゃ」という気持ちが生まれ、若々しさと体の美しさをキープできるようになっていきます。

Chapter 1 / 07

老け感の原因は「過去の栄光」

スーパーハイブランド以外はただの古着

「幸せ服」候補の中に、10年も20年も前に買った服が残ることもあります。

お肌はピカピカ、髪の毛もつやつや、スタイルが抜群でメイクも上手。確かにその服は、当時のあなたをおしゃれに見せてくれていました。でも、美しかった思い出として、心の中にしまっておいてください。服そのものは残念ながら、「不幸服」です。若い頃の服は、10年以上も前の服です。

洋服は、骨董品や美術品とは違います。デザインや素材感を追求しているスーパーハイブランドでなければ、ふだんの生活で着るリアルクローズにヴィンテージはありません。

古い服は、よほどていねいに管理していなければ、生地が劣化していたり、色が褪《あ》せていたり、型崩れが始まっていることが多いものです。そんな服は、不潔そうに見えるだけです。

年齢を重ねてくると、肌の透明感が失われ、トーンも暗くなってきます。そんなくすんだ肌をしているところに、ひと昔前のキラキラ服や手入れされていない古びた服を着ては、「老け感」が強調されてしまいます。

冷静に判断すれば、老けて見える服であることが分かるのに、なぜ20代に着ていた服を「幸せ服」候補に残す方がいるのでしょうか。

その気持ちの裏には、将来への不安が隠れています。

服の迷路に迷い込むと、過去の経験から解決策を探そうとすることがあります。そして、周囲から「素敵」と言われた頃の装いをすれば、永遠におしゃれに見えると勘違いすることがあるのです。

20代は、女性にとって花の時期です。あふれんばかりのパワーがあるので、何を着ても若さというオーラで包まれてしまいます。

それに比べて30代以降は悩みが増え、時間にも追われるようになります。

自分に関する悩みだけならまだしも、子どもの教育や夫の健康、親の介護、家計の不安など、家族の問題も抱えるようになっていきます。

そんな不安を払拭しようと、輝いていた20代の思い出にすがってしまうことがあるのです。

歳を重ねた女性は人生経験という糧《かて》を得て、若い頃より深みのある豊かさを持っています。つらかったり、悲しんだり、さまざまな思いを経てきた分、人を思いやるやさしさも身につけています。仕事に対する考え方も変わってきているはずです。

「若くないから何も似合わない」という被害者意識は捨ててください。表面的な若作りに頼るのではなく、体の内面から生まれ出るパワーを使って若々しさを表現しましょう。

挑戦をあきらめない気持ちを持てば、姿勢や体型を保つためのストレッチに励んだり、髪や肌のケアに気を配ったり、今の体が愛おしく思えるようになります。そして、その体にぴったりと合う「幸せ服」を身につけることが、とても楽しくなります。

そんなふうに年齢を考えたおしゃれを貫くほうが、よほど格好いいと思いませんか。

今のあなたには合わない昔の「不幸服」とは、きっぱりとお別れしてください。そうすれば、しっかりと前を向く勇気が湧いてきます。

Chapter 1 / 08

若作りがイタい理由

服のラインの美しさはパターンで決まる

次の「不幸服」は、10～20代のお嬢さんがいる方がはまりやすいトラップです。「幸せ服」候補の中に、現在の年齢と10歳以上離れている年代向けの服がある場合は、「不幸服」になる可能性が大です。たとえば、40代の方が20代向けの服を「幸せ服」候補に残した場合がそれに当たります。

若い世代の服に挑戦する意欲があったり、お嬢さんとペアルックを着るような仲良し家族なのはとてもいいことですが、ほとんどの場合、大人の女性にとっては、「不幸服」でしかありません。

30代前半なら、百歩譲って、20代の服を着てもいいでしょう。また、華奢《きゃしゃ》な人なら、ミセスのパターンで作った服よりも、細身に作られた若い世代向けブランドのほうが体型に合うことがあります。そうした方は、年齢にマッチするデザインを選んだり、着こなしを工夫すれば、「幸せ服」になる可能性があります。

でも、一般的に、40歳以上の人が20代向けの服を着るときは、かなり気合いを入れて向き合わなければ、着こなすことができません。20代と同じような体型をキープし、はつらつとしたデザインに負けないヘアやメイクを工夫することが必要だからです。

なぜ、若者向けの服が好ましくないかといえば、20代と40代以降では体型が違ってくるからです。

クオリティは着たときのシワでわかる

女性は40代以降になると、体型が丸みを帯びて、ふくよかになってきます。先にふれた通り、背中に肉がつき、ウエストのラインも20代のようなキュッとしたくびれがなくなり、直線に近づいていきます。

また、バストもヒップも支える筋肉が衰えてくるので、トップの位置が下がり、バストは外に広がるようになってきます。20代から同じ体重をキープし、スポーツで体を鍛えている方であっても、です。

そんな丸みを帯び、下垂ぎみの体型で、20代の標準体型に合わせてパターンが作られた服を着たら、どうなるでしょうか。

バストとヒップのトップの位置はずれてしまいますし、ウエストのカーブも合いません。背中が丸くなったことで、肩の位置も袖付けのラインとずれてきます。

体型とパターンのずれは、デコルテやバストの脇、ウエストのカーブ、ヒップラインの細かいシワとなってあらわれてしまいます。

つまり、体にフィットしていないことがはっきりと分かってしまう服なのです。そんな服が美しく見えるでしょうか。

アパレルメーカーは、それぞれの世代が持つ体型の特徴を考えて洋服を作っています。とくに最近は、40代以上向けのブランドでも、デザインは20代並みに若々しく、体型を美しく見せてくれる服を販売するようになってきています。

「着られるから」といって年齢にそぐわない「不幸服」を着るよりも、年齢にふさわしいデザインの服を着たほうが、ずっと美しく、格好よく見えるのです。

Chapter
1
09

高級品なのにみすぼらしい服

お金では買えない「清潔感」

あまり聞きたくないとは思いますが、世の中には、「みすぼらしい服」というものが存在します。手入れが行き届いていない服です。

袖口や衿がうっすらと汚れていたり、食べこぼしのシミが残っている服は論外ですが、ボタンが取れかかっていたり、袖や裾がほつれていたり、シワがたくさん寄っていたり、毛玉がたくさんついている服も手入れが行き届いていない証拠です。

夏に着ることが多い白い服も要注意。汗や皮脂で汚れやすいため、次のシーズンには、どうしても衿や脇の下に黄ばみが目立ちやすくなります。

また、靴やバッグも手入れが悪いと、みすぼらしい感じがはっきりと出てしまいます。コーディネイトによっては、洋服よりも靴やバッグのくたびれ度が目立ってしまうこともあります。高級ホテルでは顧客のレベルを服装だけでなく、靴やバッグで判断するという話もあるくらいなのです。

手入れが悪いということは、洋服を雑に扱っているということです。洋服はその人の内面を知らず知らずのうちに伝えてしまうとプロローグでお伝えしましたが、洋服の扱いの悪さは、あなたの評価にもつながります。

洋服をていねいに扱っていないということは、人間に対しても雑な扱いをする人なのではないか、と周囲から思われてしまうのです。

そしてそれは、あながち間違った評価でもありません。

服をぞんざいに扱っているときは、時間に追われ、忙しく過ごしていることが多いものです。精神的にもよい状態ではありません。イライラしているので、ちょっとした他人の言動を思いやる気が減り、行動に怒りや不満を感じやすくなります。

そんなギスギスした関係を修復するために、無駄なエネルギーを使うことにもなりかねません。それがまたイライラにつながってしまう。本当に悪循環ですよね。

どんな人にも他人には見せたくない部分があります。でも、「みすぼらしい服」は、そんな隠したい部分を他人の目に見える形に引きずり出してしまうのです。

「みすぼらしい服」ができてしまう原因は、何といっても洋服を持ち過ぎていることにあります。

「みすぼらしい服」は、部屋着として着ようと残しておいても、結局、袖を通さないか、リラックスタイムでさえ、みすぼらしくしてしまいます。人生には限りがあり、生きている一瞬一瞬がとても貴重です。限られた時間の中で、いつも美しく、すぐに着られる状態にしておこうと思ったら、おのずと持てる服の数は限られてきます。

また、お手入れに関する知識不足も、「みすぼらしい服」を増やしてしまう原因です。手間を省いてくれるグッズやテクニックを知っていれば、お手入れの時間を短縮できるのですが、学ぶ意識を持たないといつまでも覚えることができません。

じつは私もアイロンがけが苦手でした。でも、プロ並みに仕上げられるティファールの「アルティメットスチームパワー」という高性能のアイロンがあることを知ってからは、以前のように苦労しなくても、きれいにシワが伸ばせるようになったのです。以来、アイロンがけが好きになり、リラックスタイムの一つになりました。

もしかしたら、あなたも生活家電のフルモデルチェンジで、「ケアが苦手」の悩みがいっぺんに解決するかもしれませんね。

Chapter 1 / 10

安っぽい女に思われる「不幸服」とは

意外と難しいファストファッション

「上質感のない服」も、あなたを安っぽく見せてしまう怖い「不幸服」です。たとえ新品であっても、です。その一例がファストファッションです。ファストファッションは上手に取り入れれば、手頃な値段でトレンドが楽しめる便利な洋服です。私もファストファッションをお客様におすすめしたり、自分でも着ることがあります。

でも、ファストファッションはワンシーズン限りと割りきって作られていることが多いものです。気軽に買える値段にするため、デパートやセレクトショップに入っているブランドより、生地のランクを下げ、製造コストを抑えています。そのため、生地の風合いや縫製のていねいさ、フィット感を厳しくチェックしないと、体とのミスマッチが生じやすくなるのです。

また、耐久性に欠けることもあり、洗濯を繰り返すと、生地がくたびれてしまったり、裾がほつれてきてしまうこともあります。それゆえ「絶対に着こなす」というパワーと服を長持ちさせるメンテナンスが欠かせません。

若さという武器がある10代や20代はそのまま着ても様になりますが、30代以上の女性が着るには、じつは上級の着こなし術が必要になる服なのです。

にもかかわらず、「値段が手頃だから」と、気軽に買っている人がなんと多いことか。「上質感のない服」が問題なのは、服に引きずられ、あなたもチープ感の漂う人に見えてしまう心配があるからです。

服は人なりです。金融関係や不動産業の人が、もし、安っぽく見えるスーツやくたびれたシャツを着ていたら、あなたはお金を預けたり、家を買う気になるでしょうか。

また、「上質感のない服」は、オフィシャルな場では、なんとなく気後れしてしまうものです。そんなふうに気持ちを盛り下げてしまう服は、何枚持っていても、装う楽しさを感じませんよね。ただ、抜群に似合うデザインに出会えたら、素材をグレードアップさせたものをとことん探してみるのもいいですね。

クローゼットチェックでファストファッションが残ったら、その服が自信を持って着られるか、大事な人に会えるかどうかを見極めてください。もし、そう感じなければ、「不幸服」として処分してしまいましょう。

Chapter 1 / 11

ハイブランドの思わぬ落とし穴

着ていないのに手放せないのがブランド品

「幸せ服」候補の中で、なかなか「不幸服」と認められないのが、有名ブランドの服や高価な服です。私は、そんな服を「一見豪華不幸服」と呼んでいます。

有名ブランドの服や高価な服は、意を決して買っただけに手放しにくいものです。持っているだけで自尊心がくすぐられ、プチセレブ気分も味わえるからです。

お宅を訪問してクローゼットチェックをするときも、お客様がなかなかブランド服を手放せないことがよくあります。

「一見豪華不幸服」も、ワードローブの1着として着回せているなら、問題ありません。「幸せ服」の資格はあります。

でも、日常的に着ていないのであれば、やはり「不幸服」です。あなたは、洋服コレクターになってしまっています。

私のお客様で、すべての服を有名ブランドの服で揃えている方がいました。これまで使ったお金の総額は、何百万円にもなっているでしょう。

そのブランドは海外でも人気があり、女性らしいボディラインを活かしながら、凛とした美しさも表現してくれます。個人病院の院長先生として働くお客様にはぴったりのブランドでした。

問題はサイズが合っていなかったことです。ご本人は自分を標準体型と思っていて、9号で全部の服を揃えていました。

「どれも素敵なのに、自分には合わない気がする。なぜなんでしょう」と、フィットしていないことは、ご自分でも感じていらっしゃいました。

それもそのはずです。体型は7号サイズだったからです。ただ、年齢が上がってきたことでウエストがきつくなり、その一点で判断して9号サイズを選んでいたのです。チェックしてみると、肩のラインは下がっていますし、トップバストの位置もずれています。ヒップ回りも洋服のほうが大き過ぎて、ぶかぶかしています。全体的に大き過ぎるために、あちこちにシワが寄り、洋服に着られているという印象でした。

この「一見豪華不幸服」の場合、サイズに対する知識不足もありますが、ブランド名に惑わされたこともミスマッチの原因になっていたように思います。

ブランド名や値段の高さは、誰にでも分かりやすい評価基準だけに、誘惑する力も相当なものです。

「有名ブランドだから、吟味しなくても私をおしゃれに見せてくれるはず」「センスのいいデザイナーの服を着ているから、工夫しなくても美しく見えるはず」「値段が高いから、似合うか似合わないかはさておき、私をワンランクアップさせてくれるはず」と、つい思いたくなります。

でも、それは根拠のない思い込みでしかありません。

服とのつきあい方は人とのつきあい方にもつながる

おしゃれの中心にいるのは、あなたです。そして、服はあなたの自己表現を助けてくれる名脇役です。

どんなに高級ブランドで、値段が高くても、デザインやサイズが着る人にフィットしていなかったら、主役を引き立ててはくれません。あなた自身の個性が際立つよりも、「○○ブランドを着た人」の印象が強くなってしまいます。

じつは、有名ブランドや値段の高い服とのつきあい方は、人づきあいとよく似ています。

どんなに素晴らしい肩書きで、年収が高くても、性格が合わなかったり、会話がはずまなかったら、関係は長続きしないですよね。

「有名企業に勤めているから」「お金持ちだから」「知り合いがたくさんいるから」と、本当は好きでもないのに、自分をごまかしておつきあいを続けると、ストレスはどんどんたまってしまいます。

洋服は、人の心と深くつながっています。ブランド名や値段で洋服を選んでいた人は、もしかすると人間関係においても、肩書きや年収といった表面的なプロフィールに振り回されやすいところがあるのではないでしょうか。

サイズが合っていなかったお客様の場合は、すべての服を体型に合わせてリフォームすることで解決しました。服に歩み寄ってもらうことで、折り合いがついたのです。でも、高級ブランドだっただけに、お直し代は、相当な額になりました。

分かりやすい価値観に安易に飛びついてしまったせいで、とても高いレッスン料を払うことになってしまったのです。

お直し代は、ざっくり1カ所3000円として、1着につき2カ所直して5000～6000円。10着であれば5～6万円。それでもその服を着たいと思えるなら、きちんとサイズを合わせて「幸せ服」に生まれ変わります。

そんな小さなシワを、とお思いになるかもしれませんが、こんなささいな事をきちんと守る事で、ぐんとステキに見えるのです。

あなたの場合はどうでしょうか。本当にその服が好きなのか、それともブランドの名前が好きなのか、考えてみてください。

Chapter 1 / 12

「不幸服」を無駄にしない

未来のあなたに役立てる方法

これまで「不幸服」について、いろいろお話ししてきました。ここまで来ると、手元に残る「幸せ服」は数枚になります。その中にあなたにとって究極の「幸せ服」はあります。一番ワクワクする1枚を手に取ってみてください。

それはトップスかもしれませんし、パンツやスカートのボトムスかもしれません。あるいはワンピースかもしれませんね。

「幸せ服」は、今のあなたそのもの。やっとおしゃれになれる羅針盤を手に入れたのですから、どうぞ大切に扱ってください。実際の生活でどう活かしていくかは、第3章でお話ししていきましょう。

クローゼットチェックで出しておいた、アクセサリーやストールなどの小物、靴、バッグといった服飾雑貨についてもお話ししておきましょう。これらの服飾雑貨は、

「幸せ服」のコーディネイトに、あなたらしいアクセントを加えてくれる大切なアイテムです。処分するのは、くたびれたり、みすぼらしくなっているものだけにします。それ以外のものは、コーディネイトを考えるときに活かせる可能性があるので、多めに取っておいてください。

ただし、しまい込むと結局使わずに、「不幸な服飾雑貨」にしてしまいます。すぐに目についていつでも取り出せる場所に置いておくことが必要です。服飾雑貨の収納方法は、第4章で詳しく紹介します。

たくさん出た「不幸服」は、リサイクルショップに引き取ってもらったり、古着回収のボランティア団体などに預けてしまいましょう。リサイクルショップの買い取りも最近は便利になり、インターネット経由で依頼すれば、宅配便で送るだけで査定してくれるところもあります。

また、持ち込みをすれば、無料で引き取ってくれるアパレルショップの回収ボックスを使うのもおすすめです。

さぁ、これでクローゼットチェックは終了です。「幸せ服」と「不幸服」が入り交じり、混沌としていたクローゼットがすっきりとしました。

次の章では、「幸せ服」が持つ素晴らしいパワーについて、お話ししていきましょう。

リサイクル

■ NPO法人日本救援衣料センター

世界で衣料を必要とする人たちに、日本で不要になった衣料品を送る支援活動です。ダンボールか紙袋に入れて送ることができるのは、新品のものか、シミや傷みがなく洗濯済みの衣料品のみ。送料は元払い。「楽天オークションゆうぱっく」を利用すると、送料が割引きになり、さらに配送物１個につき10円の寄付になります。海外輸送費の寄付協力もあり、送付後、約１カ月後に振込用紙が届くので、衣料品10kgまでにつき、1500円を目安に寄付を振り込みます。また、期間限定で、「ららぽーと」や「三井アウトレットパーク」などの商業施設に収集会場が設けられることもあります。

http://www.jrcc.or.jp

■ BOOK OFF（ブックオフ）

「BOOKOFF」の中大型店舗の「BOOKOFF SUPER BAZAAR」や「BOOKOFF PLUS」など、アパレルの取扱いのある店舗へ古着を持ち込みすると買い取りしてくれるサービス。クリーニングの必要はなく、家庭で洗濯した状態であればＯＫ。２〜３年以内のものであれば、ブランド服でなくても買い取ってもらえる可能性があります。

http://www.bookoff.co.jp/

■ ハグオール

宅配便を使って無料で依頼できる買い取りサービス。衣類やバッグ、時計など、８８００種類以上のブランド品を取り扱っています。ハグオールのサイトから専用キットの送付を申し込むと、ダンボールと着払い伝票が送られるので、売りたい衣類やバッグなどのブランド品を宅配便で送付。到着後１週間ほどで査定され、金額を承諾すると指定した銀行口座に買い取り額が振り込まれます。「査定結果確認後承認コース」を選んだ場合、査定結果に満足できない場合は、送料無料で送り返してもらえます。また、利用できる場所と地域は限られますが、ハグオール専用のロッカータイプの買い取りボックスを使う方法やマンションの宅配ボックスを使っての買い取りサービスもあります。日本橋三越とハグオール自由が丘駅前店などでは店頭での買い取り依頼も可能。買い取り品の販売サイトもあり、リーズナブルな価格で中古ブランド品の購入もできます。

https://www.hugall.co.jp/

※リサイクル、リユース衣料品の詳細は、受け入れ先によって異なります。利用前にホームページ等で受け入れ先の最新情報を確認の上、ご利用ください。

※ 2016年3月現在のものです。

Chapter 2

「幸せ服」が引き寄せる お得な10のこと

Chapter 2 / 01

効果①……笑顔に自信が持てる

自分自身のスタンダードを持つ

「幸せ服」を手に入れると、どんないいことがあるのでしょうか。まず、なんといっても、自分に自信を持てるようになることです。「幸せ服」は、「自分が好き」という喜びを蘇らせてくれます。前向きに生きようという意欲を鼓舞し、励ましてくれる存在だからです。

女性の多くが「おしゃれになりたい」と思いながら、方法を見つけあぐねているのは、新しい世界に踏み出したとき、堂々と振る舞う自信が持てないからです。

ものがあふれ、お金を出せばさまざまな価格帯で簡単に洋服が手に入る現代では、シンプルに「これが好き」「これが私に似合う」という感情を持ちにくくなっています。

テレビや雑誌、インターネット、友人など、さまざまな情報源を経由して、次々と「これがいい」「あれがいい」という情報が届きます。そのたびに、女性は振り回され、深く考える間もなく、情報に流されてしまいます。

情報が多過ぎる環境では、人は他人の価値観に自分を合わせがちです。憧れの芸能人やおしゃれな友人がすすめるものはよく見えますし、安心感もあります。彼らが身につけているものを自分も身につけたら、おしゃれになれるような錯覚に陥ってしまうのです。

でも、それはあくまでも他人の基準です。本当に似合うかどうかをきちんと判断しないと、情報の洪水に流されて、自分を見失ってしまいます。

なんとなく買った服でクローゼットがいっぱいになっているときは、まさにその状態です。他人の価値観に振り回されて自分の考えが行方不明になっているのです。

クローゼットチェックで「幸せ服」探しをすると、他人基準の情報をシャットアウトし、自分の心の声にじっくり耳を傾けてみることができます。

そして、本当に好きだったものは何か、どんな服が今まで自分を後押ししてくれたか、思い出すきっかけになります。

そうして自分自身と向き合うと、頑張ってきた自分を発見することができます。他人からの評価がどうであれ、自分を愛おしく感じることができるでしょう。今の自分を素直に受け入れられるようにもなっていきます。

じつは、その自分を受け入れるという行為を「幸せ服」探しを通して体感することが、クローゼットチェックの隠れた目的でもあるのです。自分を受け入れることができると、望む方向に「変わる」チャンスもつかみやすくなります。

小さな成功体験を積み重ねる

人は「変わりたい」と思っていても、そう簡単に変わることはできません。これまで慣れ親しんだ状況から、未知の世界へ足を踏み出すのには、勇気がいるからです。

私もそうでした。今の私は、髪の毛を金色に染めています。パーソナルスタイリストとして「私らしさ」を強調する目的もありますが、金髪にすることで、自分を鼓舞したかったのです。ヘアスタイルを変えたきっかけは、海外でのトークショーへの出演でした。好みや要求がはっきりしている海外の女性たちを前にしてファッションを語るのは不安もありましたし、勇気がいりました。

でもここが勝負と考えた私は髪を金色に染め、後には退けない覚悟で自分の発言に責任を持とうとし、お客様たちに訴えかける力を高めようと思ったのです。すでに快適なクローゼットを持っていても、私なりの「ギアチェンジ」でした。

ここまでの思いきりがふだんの皆さんの生活に必要というわけではありませんが、

人生をギアチェンジするには、大なり小なりステップの積み重ねが必要だと思います。たとえば、「おしゃれをしよう」と決意をして、服を買いに行くのは手っ取り早い方法に思えます。でも、この方法では無駄な買い物を繰り返し、「やっぱり似合わない」と挫折感を味わうことにもなってしまいます。

一方、手持ちの服を見直すというクローゼットチェックは、誰もがすぐにできることですし、最後までやりとげやすく、「幸せ服」を見つけるという成功体験を得ることができます。

そして「私はこれが好きだった」「私はこういう人間だった」という意識をしっかりと脳にインプットしてくれるのです。きちんと過去を見直した成功体験は、これからの人生を生き抜く自信を生み出してくれます。

自信がつくと、少々の困難にひるむことがなくなります。心の軸がしっかりしてくるので、他人の評価は他人のものとして、自分の感情や考え方とは分けて判断できるようになるのです。

自分の「スタイル」を持つと、他人とは違う自分をアピールすることが怖くなくなります。そして、「私らしくおしゃれを楽しもう」という気持ちでいっぱいになるのです。

効果②……身のこなしが美しくなる

自然にダイエットできる

「幸せ服」を身につけて気分が明るくなると、笑顔がよく出るようになります。背筋もすっと伸びて、これまでよりまっすぐ正面を見るように視線の位置も変わってきます。積極的にいろいろなことにチャレンジしたいという意欲も出てきます。

そんなあなたを見て、周囲の反応も変わってきます。あなたの明るさが周りの人たちにも伝わるからです。

ときには「いいことあった?」「きれいになったね」と、声をかけられることもあるでしょう。そんな声をかけられると、あなたはもっとうれしくなり、行動がどんどんいい方向に変わっていきます。

自分の体に以前より関心を持つようになるのも、その一つです。それも「不幸服」を着ていたときとは、見方が違います。

「不幸服」は自信を失わせたり、現状に甘んじようとする服でした。そのため、装った自分の姿を見ても、「スタイルが悪い」「もう歳だから、仕方ない」と否定的なことばかり目についてしまいます。

でも、「幸せ服」を手に入れると、「私ってまだまだ素敵じゃない」「いろいろ欠点はあるけれど、愛おしいところもある今の私の体」と、現状を素直に受け入れられるようになります。

クローゼットチェックを通して、自分の人生を受け入れたことがやさしい気持ちを生み出し、そのやさしさを自分の体にも向けられるようになるのです。

とはいえ、女性らしい体のラインが出やすい「幸せ服」を着始めた頃は、おなかや二の腕が気になり、まだ着慣れずに気恥ずかしいかもしれません。

大切なのは、そこでくじけないことです。せっかく「変わろう」と決意したのですから、「不幸服」を着ていた自分に戻るのではなく、「幸せ服」が似合うようになるにはどうしたらいいかと、発想を切り替えてください。

着続けているうちに、食べ過ぎをセーブして心と体にやさしい食生活に変わったり、積極的に運動したくなったり、自然と気持ちと行動が「幸せ服」と合うようになり、自分の体をもっと大切にしたくなります。

その変化が積み重なると、体はすっきりとスリムになり、3カ月もたつ頃には、「幸せ服」がもっと素敵に着こなせるようになっています。

また、「幸せ服」を着ていると、身のこなしが優雅になっていきます。「幸せ服」のデザインが体の動かし方を教えてくれるからです。自分をきれいに見せてくれているという自覚がありますから、椅子をきちんと引いて静かに座るようになったり、床に落ちたものを拾うときも、ひざを曲げて腰を落としてから拾おうとするなど、服に合った行動をしようと無意識のうちに体が動くのです。

ほめられることを受け入れられる

行動の変化はやがて人生の変化としても現れてきます。自信がつくことで、誰かに拒絶されたり、軽んじられているという恐怖心がなくなります。認められた体験が後押ししてくれるので、積極性も出てくるでしょう。これまであきらめていたことや憧れていたことに挑戦してみたくなってくるはずです。

私のお客様でも、憧れの仕事に就くため、仕事ができる女性に見える「幸せ服」を着ることに決めた方がいます。

「幸せ服」を着るようになってから、男女を問わず、周囲からほめられることが多くなったそうです。認められた喜びは、次のステップアップにつながります。自信を得たお客様は、「もっと自分を成長させたい」と、憧れの仕事に必要な資格試験の勉強に取り組み始めました。

その後、転職や転居という変化があり、現在は念願の仕事に就き、楽しそうに毎日を過ごしていらっしゃいます。しかもお客様の変化は、なんと周囲の人にも伝染することに。同僚やお友だちが次々と私にカウンセリングを申し込まれたのです。それくらい、お客様の変化は劇的だったのでしょう。

専業主婦のお客様の中には、家の中がきれいになったという方もいます。

クローゼットがすっきりしたことで、他の部分も同じように美しく整えたくなり、キッチンを片付けたり、リビングのインテリアを変えたり、どんどん理想の家に近づいていったそうです。

家族関係にも変化がありました。美しく整えられた空間にいると、気持ちがすっきりして穏やかな気持ちになります。夫やお子さんへの接し方がやわらかくなり、相手がイライラしていても、笑顔で受け止める余裕が出てきたのです。

「幸せ服」を着るようになると、無駄なストレスが減るので、相手に感情をぶつけなくても済みます。「幸せ服」はそんな人間関係の変化ももたらしてくれるのです。

Chapter 2 / 03

効果③……評価が高くなる

装いは最強の名刺

「幸せ服」が体になじんでくると、周囲からの評価が変わってきます。相手への思いやりや礼儀の心が「幸せ服」を通じて、自然と伝わるようになるからです。

服が持つメッセージの力は大きく、決して無視できません。相手にどんな印象を与えるかで、その後の関係性が変わってくることもあります。

仕事でもプライベートでも、初対面の人と会うとき、あまりにもラフ過ぎたり、ヘアもボサボサだったら、おそらくいい印象は持たれないでしょう。それが仕事で会う相手だったらなおさらです。

「重要視されていないかも」と思ってしまいますよね。あるいは、「ルーズそうだな」「仕事ができるのかな」と思わせてしまうかもしれません。

プライベートでも、たとえば、初デートに相手がそんな装いで来たら、「私に会えてうれしいという気持ちがなかったのかしら」とがっかりするのではないでしょうか。もちろん何度か会ううちに相手の印象が「いい人」や「楽しい人」に変わることはあります。でも、そこに至るまでには時間がかかってしまいます。

一番残念なのは、次のチャンスがないまま、関係が終わってしまうことです。服を通して「あなたに会うために、洋服にも気を配ってきました」というメッセージを伝えないと、相手の関心を得るどころか興味を持ってもらうことさえできません。

パーソナルスタイリストへの依頼には、「結婚式のスピーチで恥ずかしくない装いをしたい」「就職活動の面接にふさわしい装いがしたい」というオーダーもたくさんいただきます。それくらい「場」と「相手」を考えた装いは、人間関係で重要な働きをするのです。

「幸せ服」には、親しくなるまでの時間を短縮してくれる効果もあります。チャンスを逃すことが減り、生活をどんどん楽しいものに変えてくれます。

人は好感を持つ相手と、もっと話してみたい、もっと親しくなりたいと思うものだからです。とくに婚活を考えている方なら、「幸せ服」の名刺を活かさない手はありません。「幸せ服」を上手に使えば、「私はこういう人間で、こういう人との暮らしを求めています」という意思表示がしやすくなります。

私は、以前、婚活セミナーに通う生徒さんたちのスタイリングを担当したことがあります。一言で結婚と言っても、価値観は人それぞれです。郊外の一戸建てに住み、家事や育児を何よりも大切にする家庭を築きたいと考えるカップルと、都心のマンションに住み、夫婦ともにキャリアアップを目指し、ときには華やかなホームパーティーを開きたいと願うカップルでは、おのずと装いも変わってきます。

そうした理想の家庭像を服装で表現していくと、相手とのミスマッチが減り、相性のよいカップルが生まれやすくなります。婚活セミナーには女性も男性も参加していたのですが、服装が持つ表現力についてお話ししたところ、すぐに実践され、理想の結婚像がぴったりと一致するカップルが次々と誕生することになりました。

スタートダッシュが肝心ですから、「幸せ服」の力を借りて、第一印象からよいインパクトを与え、相手との相性を探ることは、とても有効な方法なのです。

あなたを助けてくれる味方が増える

「幸せ服」はキャリアアップにも役立ちます。

「幸せ服」を着ていることで積極的に行動しようと意欲的になりますから、視野が広くなり、発想が豊かになって仕事の質が上がります。周囲の人とのコミュニケーションも活発になっていきます。自信のなさそうな「不幸服」を着ているより、自信を持って仕事に取り組んでいる「幸せ服」を着た女性のほうが、上司の目には間違いなく、「やる気のある人」と映るはずです。まわりからの〝期待の目〟を感じはじめ、自分もがんばろうと思えてきます。

しかも、「幸せ服」は、困っているときにも威力を発揮します。

一人では荷が重かったり、解決策がうまく見つけられないとき、困っているご本人の装いのせいで頑固に見えたり、他人を拒絶しているように見えたら、助けたいと思っていても声をかけにくいですよね。

でも、笑顔が魅力的な、何ごとにも前向きな人が困っているとなれば、周囲の人は助け船を出したい気持ちになるでしょう。装いで、そう思わせることができるのが「幸せ服」なのです。職場であれば、残業になりそうなときに、「手伝おうか」と協力してくれる人が出てきやすいでしょう。家庭であれば、忙しそうなお母さんを見かねて、夫や子どもがお手伝いを申し出てくれると思います。

「幸せ服」を着ていると、気持ちがオープンになり、相手の気持ちや行動を柔軟に受け入れる余裕が出てきますから、サポーターをどんどん増やすことにもなるのです。

そんな人間関係の好循環を「幸せ服」一つで作れるなんて、素敵だと思いませんか。

Chapter 2 / 04

効果④……「大切な人」として扱われる

即効性の高い「ハロー効果」

「幸せ服」の効果は、レストランやホテルなどのオフィシャルな場でも感じることができます。

お気に入りの「幸せ服」でハイクラスのホテルや高級レストランで過ごすときは、おしゃれもランクアップさせたくなると思います。

いつもより華やかなアクセサリーをつけたり、ヒールの高い靴を合わせたり、気合いも入りますよね。

自信を持って「幸せ服」を着ているあなたは、女性らしい魅力に満ちあふれ、堂々として見えます。そして、場に合わせた振る舞いが自然とできるようになり、人にやさしくしたいと思うようになるでしょう。

そんな姿を見ると、人は「素敵な女性だなぁ」と感じます。そして、好感や尊敬の念を持ち、「大切にもてなしたい」「きちんと接しなければ」と感じるようになるのです。

これを心理学では、「ハロー効果」と呼びます。

「ハロー効果」は、アメリカの心理学者、エドワード・ソーンダイクが名づけた心理学用語で、ある人間を評価するときに、何か際だった特徴を持っていると、その特徴に影響され、他の特徴への評価も変わってくるという認知的な働きをいいます。

たとえば、有名大学を卒業していたり、大企業に勤めていたり、英語が得意だったりすると、真面目そうに思えたり、仕事ができそうに見えたり、他の面でも優れているのではないかと感じるようになります。

人は、何か目立つ特徴に引きずられて、他人を評価することがあるのです。それも親しくない関係であればあるほど、そう認知しやすいという傾向があります。

たとえば「幸せ服」を着ると、「ハロー効果」によって、ホテルやレストランなどで働く人たちに、大切なお客様と思われるようになります。

お店に入ったときから、相手の視線や笑顔が好意的だったり、眺めのいい席に案内されたり、ちょっとしたサプライズサービスを受けることが増えるかもしれません。

人間が変わったわけでもないのに、学歴、職歴、育った環境に自信がなくても「幸せ服」を着るだけで、そんな「ハロー効果」の恩恵を受けることができるのです。

どこでも最高の時間を過ごせる

「幸せ服」を着始めた頃は、周囲の変化に「私という人間は変わっていないのになぜ」と不思議に思うかもしれません。でも、体験を重ねれば重ねるほど、場に合ったマナーや姿勢、表情が身につき、定着してきます。

その積み重ねが自信となり、高級レストランやホテルに行っても物怖じせず、積極的に話しかけたり、行動することができるようになります。そうなれば、サービスする側も、さらに心からの笑顔で接客してくれるようになるでしょう。

かつて航空会社でサービスする側にいた私は、お客様の装いを見て、「この方に素晴らしいと思っていただけるサービスをしよう」と思ったことが何度もあります。

ファーストクラスの機内では、きちんとした服装で搭乗され、機内ではリラックスウェアに着替えられる方が、ときどきいらっしゃいます。そんな方に出会うと、私は「旅慣れている」と思うと同時に、限られた時間を有効に使おうというスマートさを備えた方という印象を持ちました。

そして、そういう方に限って、とても謙虚で、年齢を重ねてもチャーミングで私たちにも親切に接してくださるのです。

その気持ちがうれしくて、「失礼がないように」とさらに身が引き締まり、精一杯のサービスをさせていただいたものです。

オフィシャルな場での「幸せ服」には、自信を持って振る舞えることだけでなく、レストランやホテルなどで働く人たちへの敬意も含まれています。

初めて行くホテルやレストランでも、まるで旧知の間柄だったかのように気持ちよく過ごすことができれば、おいしい料理や居心地のよさがもっと楽しくなります。

「初めての人に自分からもっと話しかけてみよう」「次はこのレストランに行ってみよう」「せっかくニューヨークに行くのだから、あこがれのホテルに思い切って泊まってみようかしら」と、行動範囲はどんどん広がっていくはずです。

私は「幸せ服」を通じて、そんなふうに気持ちを解放し、自由に外へ飛び出して、人生を謳歌してほしいと願っています。

Chapter 2 / 05

効果⑤……いくつになっても女性の魅力を失わない

体型の変化、肌のくすみも一発逆転

ファッションを変えたくなるときは、人間関係に行き詰まりを感じていることが多いものです。とくに恋愛関係は女性にとって、人生を左右することもある大きな関心事です。

私のところへ相談に来られる30代から40代の女性で、やはり最も多いのが、「恋人がなかなかできない」「結婚したいのにうまくいかない」という悩みです。

20代の頃は独身の男性が周りに大勢いたので、そう焦りも感じていなかったけれど、友だちが次々と結婚していき、気がつけば、独身は少数派。休日を一緒に過ごす友だちが減ってしまい、一人で過ごすことが多くなってから焦り始めることが多いようです。

そんな気持ちに追い打ちをかけるのが、肌や体の変化です。

20代の頃よりも、目の下のクマや肌のくすみが気になってきたり、太りやすくなってきたり、「私はもう男性から見て魅力的に見えないのではないか」と、自信を失ってしまうのです。

でも、「幸せ服」を身につけ、心穏やかになったあなたは、自分の目から見ても、とても魅力的なはず。「こんな私でもまだまだ素敵」という勇気が湧いてくると思います。

自分の気持ちを盛り上げてくれる「幸せ服」には、あなたを恋愛市場で輝かせてくれる魔力があるのです。

「こんな恋愛をしてみたい」と、いまだに多くの女性を引きつける映画に『プリティ・ウーマン』があります。

ジュリア・ロバーツが演じるヴィヴィアンは、訳ありの仕事を持つ女性ですが、とてもきちんとした考え方を持っています。

相手役のリチャード・ギアが演じるエドワードは、始めの頃こそヴィヴィアンを誤解していますが、次第に彼女の魅力にひかれ、1週間をずっと一緒に過ごしたいと思うようになります。

『プリティ・ウーマン』は、ヴィヴィアンが美しく変わっていく様子も見どころのひとつです。

エドワードとつきあい始めたばかりの頃のヴィヴィアンは、ディナー用のドレスを買いに行っても高級ブティックで入店を断られたりします。でも、ホテルの支配人のおかげでテーブルマナーを学び、装いも振る舞いもどんどん洗練されていきます。

フォーマルドレスを美しく着こなす彼女を見て、次第にホテルの従業員たちも好意を持つようになり、最後には素晴らしいレディとしてエドワードと結ばれるのです。

高級店が立ち並ぶロデオドライブのショッピングシーンは見ていてワクワクしますし、馬術競技場やフォーマルパーティーなど、さまざまなＴＰＯに合わせ、装いを変えていくヴィヴィアンの姿は、とても勉強になります。

着ている衣装やマナーでこんなにも女性は魅力的に変身するのか、というお手本のような映画です。

「幸せ服」を着ているあなたは、まさに変身したヴィヴィアンのようなもの。同じ人間なのに印象はがらりと変わりますし、好きな人に臆することなく話しかけられるようになります。

自信を持ったことで本来持っていた女性らしい愛らしさややさしさも自然と表現できるようになっていくでしょう。

私のお客様にも「幸せ服」を手に入れたことで、素敵なパートナーと巡り合い、幸せな結婚をした方が大勢いらっしゃいます。その方たちからウェディングパーティーのコーディネイトを任されることも多いのですが、幸せそうな姿を見るのは、お客様の努力をサポートしていたこともあり、毎回、本当に胸が熱くなります。

今でも思い出深いのは、40代のお客様です。仕事にやりがいを感じて、友人からの信頼も厚く、毎日、オンオフを問わず、忙しく過ごしているうちに、何となく結婚のチャンスを逃していました。

恋人がいなかったわけではなかったのですが、決め手に欠け、「この人と一生を共にできるのかしら」と、決断できずにいたのです。

そうこうしているうちに、40代に突入。このまま一人で生きていく自信はないと気づき、私のところに駆け込んできました。

女性であることに自然体でいられる

クローゼットチェックを経て、「幸せ服」を見つけたことで、その方が一番変わったのは、決断力を得たことです。

「幸せ服」の詰まった自分らしいクローゼットを見て、自分が自然体でいられる相手が理想のパートナーと気づくことができたのです。

「幸せ服」を見つける前の彼女だったら、クローゼットを見つめることもなく、「もっと頑張って探せば、他にいい人がいるかも」と、ショッピングで一瞬の気持ちよさを得られるように、いつまでも幸せの青い鳥を探していたかもしれません。

でも、彼女は長年、友人関係にあった男性と「一緒に生きていこう」と決意しました。「幸せ服」を見つけたことで、今を大切にするようになり、未来は自分が築くもの、というとても大切な人生観を確立することができたからです。

結婚はゴールではなく、スタートです。どんなに理想的な相手であっても、一緒に暮らす間にいろいろなことがあるでしょう。

彼女は、そのさまざまなできごとを受け入れる勇気を持つことができました。そんな覚悟を決めた女性を愛おしく思わない男性がいるでしょうか。

「幸せ服」の効果は、結婚していたり、パートナーがいる女性にもあらわれます。中でも、子どもがいたり、倦怠期のカップルへの効果は絶大です。

お父さん、お母さんとしての役割が強かったり、友情にも似た感情で一緒にいると、相手を異性として見ることができなくなってしまいます。でも、「幸せ服」を身につけたあなたは、女性らしい魅力にあふれています。

そんなあなたを見て、パートナーは恋愛が始まったばかりの頃のドキドキした気持ちを思い出すでしょう。

「一緒に暮らしていると夫婦の顔が似てくる」という話がありますが、面白いことに、洋服に関しても同じようなことが起こります。

私がコーディネイトをお手伝いしているご夫婦によくあるのですが、奥様のファッションがおしゃれになっていくと、ご主人も身だしなみを気にするようになり、私のアドバイスを受けたいと依頼してくるケースが珍しくないのです。

考えてみれば、夫婦は一番身近にいる他人です。毎日顔を合わせる相手が変わってくれば、影響を受けないわけがありません。

「幸せ服のおかげで、夫が恋愛時代を思い出し、若返ったみたい。セカンドライフがロマンチックなものになりそう」と、うれしそうに教えてくれた60代のお客様もいました。

「幸せ服」を手に入れた女性は、とても魅力的に見えます。どうぞヴィヴィアンのように愛される自信を持ってください。

効果⑥……年下女性の憧れの的に

仕事もできて、女性らしさも備える

働く女性が増え、管理職に就くことも珍しくなくなった今、20代や30代の女性からよく聞くのが、「目標にしたいような女性の先輩がいない」ということです。

数だけを見れば、女性の上司は増えてきました。

厚生労働省の調査でも、１００人以上の社員がいる企業で女性の部長職がいる割合は、平成元年度でわずか４・６％でしたが、平成24年度には14・４％まで増えています。国際的に見ればまだまだ低い数字ですが、女性が活躍する場が広がってきていることは間違いありません。

でも、仕事に熱心なあまり、女性らしい生き方をなおざりにしていることはないでしょうか。あるいは、上司らしくしようとして、周囲からの意見やアドバイスを批判と受け取り、シャットアウトしているようなところはないでしょうか。

そんなときこそ、ぜひ「幸せ服」を着て、出勤してください。シフォンやジョーゼットなどのやわらかい生地の明るい色のストールがあれば、それをふわりと首もとに巻きましょう。女性に限らず、年下の部下が憧れるのは、有能さだけではありません。相談しやすく、頼りになる包容力も大切なポイントです。

官公庁にお勤めのお客様で、部下との関係に悩んでいた方がいました。法律や条例がからむお仕事なので、正確を期すために、部下に厳しく指示する場面も多かったそうです。

分かりやすく、相手の立場をおもんぱかって話しているつもりなのに、納得してくれなかったり、思うように働いてくれない。なんとか状況を変えたいと、コミュニケーション術を学ぶため、ビジネス書を読んだり、セミナーに参加したりと苦労されていました。

そこで私はお客様と一緒に、クローゼットの中から「幸せ服」を探し出すことにしました。スーツがずらりと並ぶクローゼットでしたが、その中に細かいラメがちりばめられたアイボリーのノーカラージャケットがありました。スーツ姿の男性が多い職場では「華やか過ぎるかも」と、プライベートでしか着たことがなかったお気に入りの1着です。

同じ生地で作られたスカートがありましたが、組み合わせると、かっちりとした堅いイメージになってしまいます。そこで、他のセットアップのワンピースを合わせ、遊び心を加えるために、大ぶりの石がついたビジューのネックレスも買っていただきました。こうして、仕事ができる女性のイメージは壊さず、明るさと温かさ、柔軟が感じられるファッションを作りあげた。

「こんな服装はしたことがないわ」と、恥ずかしそうでしたが、お客様は楽しそうに通勤着にすることを約束してくださいました。

装いはコミュニケーションツール

結果は、大成功です。部下とのコミュニケーションが円滑になってきたのです。

話す内容は以前と変わりませんが、外見がやわらかく、親しみやすくなったことで、小言を言われているのではなく、部下を思う愛情からの発言と受け取ってもらえるようになったのです。

部下の態度が変化したことで、お客様自身も変わっていきました。気持ちに余裕が生まれ、イライラすることが減り、もっと分かりやすく部下に伝えるにはどうしたらいいか、部下の能力を活かすにはどんな方法があるだろうと、チームワークを考えた仕事のやり方を重視するようになっていったのです。

部下との関係がよくなれば、上司や取引先からの評価も上がります。お客様の社内外での評価は、それまで以上に高まることになりました。

その後、お客様がキャリアアップを目指す女性の集まりに講師として招かれたときのことです。年下の女性が、「これまで女性の上司は怖い人ばかり。あんなふうになるなら、昇進しなくてもいいと思ってきました。でも、違うんですね。女性にしかできない働き方があるのだと教えてもらいました」と言われたそうです。「もっともっと素敵になって、後輩の女性たちに、働くとこんなにいいことがあるのよ、と教えてあげたいです」と、うれしそうに話してくれました。

定番の形と色が決まっている男性と違い、女性のスーツは、色もデザインも豊富です。職場によっては、明るい色のニットやワンピースなど、やわらかい雰囲気の服装も許されると思います。

職場は一日の中で一番、過ごす時間が長い場所です。その時間を好きでもなく、似合っているかどうかもわからない「不幸服」で過ごすより、気持ちが盛り上がる「幸せ服」で過ごしたほうが、ずっと仕事が楽しくなりますよね。

仕事もおしゃれも、思う存分楽しむ欲張りな女性になってください。

Chapter 2 / 07

効果⑦……人間関係の整理ができる

「不幸服」を手放すことで、ネガティブな関係も手放せる

これまでは「幸せ服」が人とのつながりを深めてくれる効果について、お話ししてきました。

次は、反対に「幸せ服」が、苦手な人との関係を適度に離してくれる効果についてお話ししていきましょう。

私たちの周りには、いろいろな人がいます。気が合う人だけで生活できればストレスも感じませんが、職場や趣味の場、ママ友とのおつきあいなど、交際範囲が広がれば広がるほど、気の合う人、合わない人も増えてきます。

お互いに「相性がよくないかも」と思い、適度に距離をとれる関係ならいいのですが、こちらは苦手と思っているのに、相手は気がついてくれなかったり、仕事や子どもの関係でどうしてもおつきあいしなければならない人もいますよね。

関係を断ちたいのに、断ちきれない。よく顔を合わせて、話もするけれど、心が通じ合った気がしない……。そんな曖昧な関係、何かに似ていると思いませんか。

そう、クローゼットを圧迫していた「不幸服」です。

クローゼットチェックで「不幸服」に感じていた気持ちは、整理しきれない人間関係に対する感情と似たものがあるのです。

忙しい毎日を過ごしていると、対人関係で気になることがあっても深く考えないまま、その場しのぎの会話を交わしやすくなります。不愉快なことがあっても、「大人なのだから、仕方がない」「私さえ我慢すればうまくいく」と、無理やり気持ちを押し込めがちです。

そして、どんどんストレスがたまっていく。まるで、「不幸服」をため込んでいくプロセスのようです。

人間関係は、洋服選びより複雑なので、そう簡単に片付けることはできません。でも、クローゼットチェックの経験は、人間関係の整理に役立ちます。

「不幸服」を見極めたように、曖昧な関係を曖昧なまま放っておくのではなく、相手が自分にとって、どんな存在なのか、きちんと自分の心の中で整理をしておく。そうすることで、相手との距離の取り方が上手になるのです。

そして「幸せ服」は、自分が「これくらいの関係でいたい」という距離感を相手に伝えてくれる絶好のツールです。「幸せ服」は自分をストレートに表現してくれる名刺代わりの存在だからです。

「幸せ服」で自立する

私のお客様にこんな方がいました。「幸せ服」のおかげで人間関係を悪化させることなく、苦手な人との距離を適度に離すことができたケースです。

お客様は、保育園のママ友の一人がどうしても苦手でした。よく話しかけてくるのですが、会話の内容がいつも他のママ友の悪口なのです。

素直に相づちを打つこともできず、かといって、「その話はやめて」ともはっきり言いにくい。保育園以外には共通の話題もなく、一緒にいるのがつらくてたまらなかったそうです。

私はその話をうかがって、よく話しかけられてしまう原因が、お客様の服装にもあるのではないかと思いました。

育児休暇中ということもあり、ゆったりとした脱ぎ着しやすいカジュアルな服ばかり。加えてノーメイクでしたし、美容院にも行かず黒いゴムで一つに結んでいました。

おしゃれ心を忘れた服装をしていたせいで、悪口を聞かされても「うん、うん」とのんびり聞いてくれそうな人に見えていたのです。

でも、そろそろ育児休暇の終わりが近づき、職場への復帰準備をする必要がありました。そこで、私のところに相談にいらっしゃったのですが、お客様の装いが仕事を持つ自立した女性のスタイルに変わるにつれて、周囲の反応も変わっていきました。悪口を言うママ友が近寄らなくなってきたのです。

一方で、仕事や育児の悩みも気軽に相談できる働くママ友が増えていきました。復職して、職場の後輩から「ママになっても素敵」と、ほめられることもあったそうです。

「幸せ服」がそんなふうに苦手な人との間に入り、防護服の役目を果たしてくれることもあるのです。

ファッションって面白いと思いませんか。

効果⑧……無駄な出費がなくなる

「幸せ服」の着回し頻度は高いほどいい

これはとても分かりやすい効果です。

「幸せ服」を見つけると、浪費が防げます。

これまでのあなたの買い物を思い出してみてください。

クローゼットにある服を把握することもなく、無計画に目についた洋服を買っていたのではないでしょうか。ファミリーセールや海外旅行の雰囲気にのまれ、必要でない服を買ってしまい、結局、着ていない場合もあったと思います。

決定打がなく、同じような服を何枚も買ってしまったこともあるでしょう。

私のお客様には、キャミソールを100枚も持ち、それでもまだ「納得できるキャミソールが見つからない」と嘆く方がいました。キャミソールは手頃なアイテムですが、1枚5000円としても、10枚も買えば、5万円も支払っている計算になります。

好きでもない似たようなアイテムをたくさん持つよりも、お気に入りの3枚のキャミソールを着回したほうが、ずっとおトクですよね。

これからは、計画的に買い物をする習慣を身につけていきましょう。着回しのコツを覚えていけば、むやみに服を買うことはなくなるはずです。

「洋服の数が少なくなると、毎日、同じ服を着ている、と周囲の人に思われるのでは？」と心配される方もいます。

でも、大好きな服をどうして毎日、着てはいけないのでしょう。

私は「幸せ服が好きで好きでたまらない」という方には、可能な限り毎日、着ていただいていいと思っているくらいです。とはいえ、工夫は必要です。工夫がなければ、同じ服を「同じコーディネートで着ている」と言われてしまいます。

大好きな服なら、「次はどんなふうに着こなそう」と知恵を絞ると思います。長く着るために、ていねいに扱うようにもなります。

それほど深い愛情をかけている服なら、周囲にも、その気持ちは伝わります。そして、好きな服を大事にするあなたを好感を持って見ると思うのです。

たとえば、イギリス王室のキャサリン妃です。

少し前、アレキサンダー・マックイーンの赤いワンピースを公的な場で3回、着ていたことがファッションニュースとして報道されていました。

エリザベス女王の在位60周年を祝う式典のときは、赤い華やかな帽子を合わせ、バッグも赤に。2回めと3回めは、ワンピースだけでしたが、ヘアスタイルとバッグが違っていました。3回めのときは、体型がスリムになっていたことから、お直しして着ていた可能性があります。

セレブになると、毎日、どんな装いをしているか、シビアにチェックされ、ときには厳しいことを言われてしまいます。でも、キャサリン妃のセンスのよい着回しには、スタイルを重視する時代の流れもあって好意的な評価が集まりました。

同じ服を着ていたことより、コーディネイトを工夫していたこと、お気に入りのワンピースを大切に着ていることが賞賛されたのです。

上質アイテムに予算がかけられる

私のお客様にも、「霜鳥さんにアドバイスを受けるようになってから、おしゃれになっているのに、被服費が減ったんですよ」と、おっしゃる方がたくさんいらっしゃいます。

私に依頼するということは、洋服を買うお金にパーソナルスタイリスト代もかかるということです。それでも、被服費にお金がかからなくなった方が多いのです。そんなふうに「幸せ服」の羅針盤があれば、欲しいアイテムの方向性がぶれることがなくなります。

年間計画が立てやすくなるので、バーゲンやファミリーセールのタイミングを逃さず、欲しいアイテムを買うことができます。

計画、というと、洋服を買うのに「計画」なんてつまらない、と思うかもしれませんが、これからのショッピングは冒険をせず妥当なアイテムを買う作業ではありません。

予算の配分も明確になるので、あるときはちょっと高めの服の購入費に充てたり、あるときは靴とバッグにしっかりお金をかけたりと、頭を使って被服費の使い分けをする作業です。

私が「幸せ服」初心者さんにおすすめしているコーディネイトは、アクセサリーやストールなど、最低限のアイテムを使うシンプルな方法です。

「服装を少し変えただけで、そんなに印象が変わるものかしら」と、半信半疑かもしれませんが、実際にコーディネイトを変えてみると、印象は大きく違ってきます。「幸せ服」を見つけたらぜひ挑戦してみてください。

効果⑨……時間の使い方が上手になる

人生のすべてに通じる段取り力がアップ

「幸せ服」の効果は、時間の使い方にもあらわれます。段取り上手になるのです。

「幸せ服」1着でも、組み合わせるアイテムやアクセサリーを変えていけば、バリエーションは、どんどん増えていきます。「幸せ服」がトップスの場合、パンツを合わせるか、スカートを合わせるかという選択肢があります。寒い時期なら、ジャケットやカーディガンを合わせる必要も出てくるでしょう。そうなると、コーディネイトを決めるまで、ある程度の時間が必要になります。

慌てて決めてしまうと、アクセサリーやストール、靴などの選択を間違え、一日中、居心地の悪い思いをするかもしれません。

せっかく「幸せ服」で自分らしいスタイルを作り出そうとしているのに、時間をかけてコーディネイトを考えないと、おしゃれ上手への道が遠のいてしまうことがあるのです。そんな失敗を避けるためには、時間のあるときに、コーディネイトを決めておくことが大切になります。アイテムの組み合わせはもちろんのこと、洗濯やアイロンがけやクリーニングを終わらせ、収納の「見える化」を行い、すぐに着られる状態に整えておくことも必要になります。

コーディネイト計画に沿って、準備する段取りが大切になってくるのです。

そして、うれしいことに「幸せ服」の段取り術は、仕事や家事にも活きてきます。目的を達成するために、事前にしっかり準備しておく、という思考回路は同じだからです。いい例が料理です。おいしい料理を作ろうと思ったら、冷蔵庫などの在庫をチェックし、必要な材料を買いに行く必要があります。作り始める前には食材や調味料を揃えますし、切ったり、加熱したりする作業もレシピの順番通りに取りかからなければなりません。

「幸せ服」のコーディネイトと考え方は一緒ですよね。

「幸せ服」の着回し術を続けていくと、毎日のことなので、段取りを効率よく考える思考力がどんどん鍛えられていきます。

そして、その力は、生活全般に広がり、ファッションだけでなく、仕事や生活のさまざまな場面でも、時間の使い方がうまくなっていくのです。

Chapter 2 / 10

効果⑩……自分のスタイルが確立する

服と自分に向き合って得られるもの

最後の「幸せ服」の効果は、あなたらしい「スタイル」が表現できるようになるということです。ファッションは流行に合わせてどんどん変わっていきますが、スタイルは不変です。

スタイルがある人は、どんな服をチョイスするか、どう組み合わせるかのルールが明確です。そして、そういう人は、洋服だけでなく、ライフスタイルも確立されていることが多いのです。

私の母のファッションリーダーは、ＲＩＫＡＣＯさんです。シンプルなシャツやデニムをさらりと自分流に着こなしているＲＩＫＡＣＯさんを見ていると、「自分のスタイルを表現するとは、こういうことなのかな」と思うのだそうです。

ＲＩＫＡＣＯさんが長年、ファッションリーダーとして大勢の女性たちから支持されるのは、おそらく彼女も試行錯誤を繰り返し、徹底的に細部にこだわり、メディアに映った自分の姿をチェックしてきたからでしょう。どんな服が似合うのか、どんなふうにコーディネイトすればいいのかをきちんと理解し、たとえば、デニムをそのままストレートにはくか、ロールアップするか、アイテム一つひとつを自分の体型とキャラクターに照らし合わせ、一番美しく見えるポイントをつねに確認した上で着ていらっしゃるのだと思います。

あなたも「幸せ服」のコーディネイトを決めるときは、細部にまで神経を行き届かせ、前、後ろ、横と全身を鏡に映してチェックしてみてください。ネックレスをつけたり、アクセントになる「見せベルト」を使ってみたり、小物もいろいろ合わせてみましょう。

自分には華奢なアクセサリーが似合うのか、それともボリュームのあるタイプが似合うのか、「幸せ服」に似合う帽子はどれか、顔を明るく見せてくれるストールはどれか、巻き方はどうするか、ヘアスタイルやメイク、メガネは「幸せ服」に合っているかなど、たった1着の「幸せ服」でも、こだわってみると、チェックすべきポイントはたくさんあります。

そんなふうに、「幸せ服」ととことんつきあってみると、「こういう組み合わせや色づかいなら、私にはよく似合うわ」「こんなデザインなら体の欠点を隠しながら、きれいに見せてくれるのね」と、あなたらしい個性を表現するルールが分かってきます。そのルールが「スタイル」です。

自分らしいスタイルができあがると、洋服に振り回されることがなくなります。「洋服に迷える子羊さん」から脱出し、スタイルを持った大人の女性として、自由に自己表現できるようになるのです。

スタイルを作り上げた女性は強く、美しいものです。年齢を重ねても、その強さ、美しさは輝き続けます。

永遠の妖精といわれるオードリー・ヘプバーンでさえ、晩年は、顔や首にはシワが増え、年齢なりの変化があらわれていましたが、それでもなおチャーミングな魅力は若い頃と少しも変わらず、気品があり、おしゃれな装いを貫いていました。

彼女がファッションアイコンとして今も世代を問わず人気があるのは、すっきりとしたラインやシンプルだけれども目立つアクセサリー、単色でまとめた色づかいではないでしょうか。ファッションと行動がリンクし、そのスタイルを愛する人間がいたからだと思います。

「幸せ服」を手にしたあなたは、まずそれで表に出る勇気を持つこと。そしてほめられることが増えれば増えるほど、年齢を重ねることが怖くなくなるでしょう。
自分らしいスタイルは、人生を力強く、楽しいものにしてくれるのです。

スタイリングアプリ　得するColumn-2

■ STYLING ME（スタイリングミー）

プロのスタイリストからチャット形式で、コーディネイトのアドバイスが受けられるスマートフォンアプリ。さまざまなスタイリストが揃い、霜鳥さんもアドバイザーの一人です。コーディネイト相談5回あたり600円（税込）のチケットを購入し、相談します。そして、その目的が達せられたとユーザー、またはスタイリストが判断した時点で1回分の相談は終了。オリジナルコンテンツやユーザーが自分のスタイリングをシェアするサービスもあります。私、霜鳥まき子も相談にお答えしています。

https://styling-me.com/

■ iQON（アイコン）

ファッション雑誌のようなトレンド記事が無料で読めたり、人気アイテムのコーディネイトがチェックできるファッションアプリ。コーディネイトを作ることもでき、使われているアイテムを購入したり、自分のコーディネイトを相談して、「iQON スタイリスト」と呼ばれるユーザーからアドバイスがもらえるサービスもあります。

https://www.iqon.jp

■ Instagram（インスタグラム）

スマートフォンで撮った写真を共有できるソーシャルネットワーキングサービスの無料アプリ。Instagramを利用している友人に見せたり、保存機能だけを使い、自分だけが見られる日記として記録することもできます。

https://www.instagram.com

※ 2016 年3月現在のものです。

Chapter 3

「幸せ服」だけを着る生き方

Chapter 3 / 01

戦略的に1週間をコーディネイトする

アクセ、バッグ、靴も事前に決める

「幸せ服」を着こなす第1のルールは、コーディネイトを事前に決めておくことです。翌週の1週間分すべてです。「幸せ服」に合わせる他の洋服アイテムだけでなく、アクセサリーやストール、バッグ、靴もすべて決めておきます。

なぜ？　コーディネイトは実際に合わせてみないと、本当に合っているかどうかが分からないからです。ハンガーに掛かっていたときは合いそうに見えても、着てみたら、トップスとスカートの色が合わなかったり、ジャケットの丈が長過ぎたり……。下着との相性が悪くて、ブラジャーの紐が見えてしまうこともあるでしょう。

洋服のコーディネイトに時間を取られているうちに、メイクやヘアスタイルを考える時間がなくなってしまったということもあるはずです。

1着を着たり脱いだりするだけでも1~2分はかかりますから、トップスとボトムスの組み合わせを3パターン比較してみようと思ったら、10分近く必要になります。それにネックレスやストール、ベルトなどの小物を検討する時間も加えれば、もっと時間はかかってしまいます。

朝の慌ただしい時間に、あれもこれも試してみるのは、よほど余裕を持って早起きしないと、時間的に厳しいのです。

にもかかわらず、朝の10分程度でコーディネイトが決まると考えている方がなんと多いことか。それは、私たちのようなプロの技です。

だからこそコーディネイトは事前に決めて自撮り写真を撮っておくこと。それも、たっぷりと時間がある週末のうちに、翌週に着る組み合わせを決めておくことです。天気予報を調べて、誰と会い、何を着るかをイメージし、どの曜日にどのコーディネイトを着るか、着る日の順番も決めておいてください。

この事前コーディネイトには5つのメリットがあります。1つは、自信を持って「幸せ服」を着て出かけられることです。

ゆとりがあるときにコーディネイトを考える時間を持つと、数多くの組み合わせを考え出すことができます。かたっぱしから組み合わせることでこれまで考えたことがなかった組み合わせに挑戦することもできます。

そして、その中から、「これが素敵」と納得できた組み合わせが残ります。時間をかけて考え抜かれたコーディネイトですから、自信を持って着ることができるのです。

「幸せ服」のコーディネイトルールに慣れてきたら、ヘアスタイルやメイクも装いに合わせ、事前に決めておきましょう。より完璧なコーディネイトに仕上げることができます。

朝時間の余裕がさらに好循環を生む

2つめのメリットは、朝の時間を節約できることです。すでに決まっている組み合わせをクローゼットから取り出して、そのまま着ていけばいいので、当日になってから、あれこれ悩んだり、慌てたりという無駄な時間を費やさなくても済みます。

余裕ができた時間を肌のお手入れやヘアスタイル、メイクをていねいに整える時間に充てれば、服は素敵でも首から上が残念などという事態が避けられます。

3つめのメリットは、心の余裕が生まれるので、気持ちよく1日のスタートが切れることです。事前コーディネイトは、生活のリズムにはずみをつけてくれます。

これまで洋服を考えるのに充てていた時間を、スケジュールチェックの時間にすることもできます。また、時間がないという焦りから、イライラしたり、子どもをせき立てたり、という行動もなくなると思います。

4つめのメリットは、一日中、落ち着いた気持ちで過ごせることです。洋服やメイクが決まっていないと、人に接するとき、なんとなく自信が持てず、言い訳から会話がスタートする、なんてことも。

でも、自信と余裕を持ってコーディネイトを決め、メイクにも時間をかけて仕上げていますから、装いに惑わされることなく、仕事に集中できます。

5つめのメリットは、アフターファイブに急な誘いがあっても、二つ返事で参加できることです。装いが決まっていますから、初めての人でも自信を持って会うことができます。出会いのチャンスを逃さずに済むのです。

週末に「幸せ服」のコーディネイトを考えておくだけで、こんなにいいことがあるなら、やってみようという気になりませんか。

Chapter 3 / 02

おしゃれは前日の夜、決まる

月曜の朝、慌てない女性は美しい

「幸せ服」コーディネイトルールの第2は、着る前の夜になったら、事前に決めておいたコーディネイトをもう一度、チェックすることです。

着る順番を決めておいたコーディネイトでも、当日の天気やスケジュールによってはマッチしないことがあります。前日の最終チェックを怠ると、朝になってから、「やっぱり、これじゃない」と慌てかねません。

事前コーディネイトが合わない場合は、アイテムを入れ替えるだけでいいのか、他の日の組み合わせで出かけたほうがいいのか、検討してみてください。

前夜の最終チェックには、ハンガーに掛けられないアイテムを揃えておく、という目的もあります。

アイテムの中には、セーターやカットソーのようにたたんでしまっているものもあります。貴重なアクセサリーやストールをきちんと収納されている場合もあると思います。

そんなアイテムを前の晩のうちに、ハンガーに掛けた服のそばに揃えておけば安心ですし、朝に探す時間を短縮することができます。

チェストからセーターを取り出したり、アクセサリーを探して身につけるのは、ほんの少しの時間ですが、朝は1分1秒が惜しいもの。その時間を前夜の準備で節約することが心の余裕を生んでくれるのです。

また、最終チェックをすると、アイテムがすぐに着られる状態になっているかどうかの確認にもなります。せっかく週末にコーディネイトを決めておいたのに、朝、クローゼットから出してみたら、シャツにシワがついていた、ということはよくあります。

朝にアイロンをかけている暇がなければ、結局着られず、考え直すはめに。これでは週末の努力が水の泡です。

そんな残念な事態に陥らないよう、最終チェックの数分は、前夜に取りましょう。

Chapter 3 / 03

三角の法則は黄金の法則

かしこい女は見せ方を知っている

第3の「幸せ服」コーディネイトルールは、洋服の組み合わせ方です。

まずは、1着で3つのパターンを作る「スリーコーディネイト」で組み合わせ方のコツを覚えていきましょう。

プロの私たちは、洋服を見ただけで、頭の中でコーディネイトプランを立てられるのですが、「幸せ服」を見つけたばかりの初心者さんは、実際に着てみたほうが、どれがマッチする組み合わせなのか、早く判断することができます。

コーディネイトを考えるときは、必ず実際に着てみて、全身を鏡に映してチェックしてください。正面だけでなく、後ろ姿や横からの姿をチェックすることも忘れないでください。

「幸せ服」がワンピースの場合は、コーディネイトはそれほど難しくありません。

一番簡単なのは、ネックレスやストールなどの小物で変化をつける方法です。ベルトを使ってウエストを絞ったり、首からたらしたストールの上にベルトを巻いてみるのもいいでしょう。ポイントは、手持ちのネックレスやストールをすべて合わせてみること。これまで合わせたことのない小物でも、試してみたら、意外に似合うということがあるからです。

組み合わせを試してみて、自信が持てるパターンを見つけたら、自撮り写真を撮りましょう。写真でチェックすると、似合っていると思っていたのに、じつはそうでもなかったり、「ネックレスをもっと長く調節したほうがいいかも」などと、鏡では見逃していた点に気づくことができるからです。

試着を繰り返し、3つのパターンが決まったら、スリーコーディネイトの完成です。さぁ、これで3日間を過ごせる装いは決まりました。簡単ですよね。

次は、「幸せ服」がトップスだったり、ボトムスだった場合です。組み合わせるアイテムは「幸せ服」候補に残った服から選びます。

トップスとボトムスを組み合わせるコーディネイトでおしゃれに見えるバランスは、全身が三角形、または逆三角形に見えること。

トップスが厚手のセーターなど、ボリュームのあるデザインであれば、ボトムスはスリムパンツやレギンスなど、ほっそり見えるアイテムを組み合わせます。そうすると、逆三角形のスタイルができあがりますよね。

逆にボトムスがワイドパンツやロングスカートなど、ボリュームのあるデザインの場合は、トップスをピタッとしたカットソーやウエストシェイプされたスリムシャツなど体にぴったりと沿うアイテムにし、三角形のスタイルにします。

ちなみに、日本人に多い上半身が華奢で、下半身がしっかりしている体型の場合は、三角形スタイルのほうがきれいに見えます。二の腕やバストにボリュームがあり、脚が細い体型の場合は、逆三角形スタイルのほうが向いています。

また、お客様の悩みに多いのが、柄ものの扱い。これは面積とのバランスです。面積が大きいほうに柄物アイテムを持ってくると、決まりやすいのです。

三角形の場合、（面積の）大きいボトムスを柄物にし、逆三角形の場合はトップスを柄物にするのです。さらに、柄物は大柄がおすすめです。小花柄や小さなドットは可愛いのですが、大きい面積に小さい柄では、体が大きく見えてしまいます。柄物の役割はその柄をチョイスする「私らしさ」を見せ、目線を集中させ、無地の部分をコンパクトに見せることです。この絶妙なバランスで、スタイル全体を引き締めたり、インパクトを与えたりしてください。

黄金の法則

《三角形》

三角形の場合はボトムスに大柄のボリューム感あるアイテムを。トップスはコンパクトに。

《逆三角形》

逆三角形の場合はトップスにボリュームを持たせ、柄物を。ボトムスはスキニーやレギンスでひきしめる。

首・手首・足首は自信を持って見せる

トップスとボトムスのコーディネイトが決まったら、アクセサリーやストールなどの小物でアクセントを加え、靴も合わせてください。そして、スリーコーディネイト候補の自撮り写真を撮り、見逃している点はないか、チェックしましょう。

こんなふうに3つのパターンを作ってみると、「幸せ服」コーディネイトのルールがどんなものか分かっていただけると思います。

ルールをマスターしたら、パターンをもっと増やしていけばいいだけです。平日5日分のコーディネイトもすぐできると思います。

たとえば、ジャケットやカーディガンを組み合わせたり、さらに着こなしを楽しんでみてください。ジャケットやカーディガンも着て終わりではなく、衿を立ててみたり、袖口をまくってみると、また違う雰囲気が生まれます。

最後に知っておくと便利な着こなしのコツをお教えしましょう。体をスリムに見せるには、首と手首、足首という3つの「首」を出すというテクニックがあります。

パンツならロールアップしてくるぶしを出し、パンプスやバレエシューズを合わせてみてください。ジャケットやシャツも袖口をまくって手首が出るようにし、バング

手首・足首は見せる

ルをはめると細くてしなやかな手首を演出できます。これらは手足をスラリと長く見せる〝目の錯覚〟を使ったテクニックです。

戦略的な着こなしをすることで、さらに大人の女に磨きがかかります。

Chapter 3 / 04

スタイリングのアドバイスはネットで

おしゃれには客観性が欠かせない

なぜ私がしつこく自撮りをおすすめするのか。それはコーディネイトを客観的に評価できるからです。

ほとんどの人は、これまで鏡に映った姿だけで全身のコーディネイトを決めてきたと思います。でも、鏡は本来の自分とは反転した姿になっています。

実際に自撮り写真を撮ってみると分かるのですが、鏡で見ていたときと印象が違うと感じるはずです。人間の脳は不思議なもので、鏡で見ていたときは、自分への評価が甘くなりがちです。自撮り写真でチェックしたほうが、他人を見るような気持ちになり、厳しくチェックしやすいのです。

とくに自撮り写真が役に立つのは、コーディネイトに迷ったときです。自撮り写真をチェックしてみると、丈が長過ぎたり、肩のラインが合っていなかったりと、無意識に妥協していた部分を発見しやすくなります。

写真で記録しておくことは、新しい「幸せ服」のアイテムを買い足すときも役に立ちます。

これまであなたがどんどん「不幸服」を増やしてしまったのは、クローゼットにどんな服があるのか、全部を把握していなかったからです。

ショッピングではあれもこれも素敵に見えて、気がつけば、買い物はしたものの、肝心のものは買わなかったということもあったのではないでしょうか。

でも、写真のアルバムに手持ちのアイテムを記録しておけば、次に何を買い足せばいいのか、迷うことがありません。

それも、単にトップスを買う、ボトムスを買うというぼんやりした買い物ではなく、何色でどんなデザインの服が必要なのか、はっきりしていますから、お店で迷わなくなります。

もし目的のものが見つからないなら、買わなければいいだけのこと。無駄な買い物をしなくて済みます。

希望のアイテムが見つからなかったときは、店員さんにコーディネイトの写真を見せて、「このコーディネイトに合う、こんなデザインのカットソーが欲しいのだけれど」

などと相談してみるのも、いい方法です。あなたが見逃していた棚やバックヤードから、ぴったりのアイテムを探し出してくれるかもしれません。

私のお客様でコーディネイトが上手になった方の中には、自撮り写真と一緒に誰に会ったか、どんな場所に着ていったかも記録している方がいます。そうすれば、同じ相手に会うときに、同じコーディネイトになることを避けられるからです。

あなたも「幸せ服」コーディネイトを続けていくと、同じ組み合わせを着る機会が出てくるかもしれません。自撮り写真で記録をつけておくと、同じ人に会うときに同じコーディネイトをすることが避けられますし、同じ服でも、小物を変えたり、組み合わせるアイテムを変えることで、進化版のあなたのスタイルが一つ増えることになります。

アプリやネットでプロのチェックを

最近はスマートフォン用に、写真と一緒にメモも残せるアプリなどがいろいろあります。そんなサービスを利用すると、後で検索するのも簡単です。

さらに、写真を友だちに見せて、感想を聞くこともできます。

FacebookやInstagramなど、SNSが人気の昨今、それらのサービスを使わない手はありません。仲のよい友だちに自撮り写真を見せて、ほめてもらうと、おしゃれを続ける励みになるはずです。

もし、友だちに見せるのが恥ずかしいというのであれば、パーソナルスタイリストのアドバイスがもらえるアプリサービスを利用する方法もあります。

「ＳＴＹＬＩＮＧ ＭＥ」というスマートフォン用アプリは、私の会社とサイバー・バズという会社が共同で開発したのですが、完成したスタイリング写真を見せると、パーソナルスタイリストからチャット形式でアドバイスがもらえます。

パーソナルスタイリストへの相談は有料になりますが、５回分の相談で税込み６００円というお手頃さです。私もお答えしているので、気軽に相談してみてください。

写真を撮り続けていると、自分がどんどんおしゃれ上手になっていくプロセスも確認することができます。

センスは鍛えれば鍛えるほど、どんどん伸びていきます。そのためには、冷静に自分を見つめることができる客観的な審美眼と、どれだけたくさんの洋服を見るかという情報収集力、そして人の意見を聞いてみることが大事です。

ぜひ写真をたくさん撮り、センスアップの手段として活用してください。

Chapter 3 / 05

ハンガーを変えると服が輝く

ハンガーを掛ける向きで分かること

「幸せ服」コーディネイトルールの第4は、保管の仕方です。

週末に平日5日分のコーディネイトが完成したら、1日分のアイテムをまとめてハンガーに掛けておきましょう。着る当日の朝は、ハンガーを取り出せば、さっと着られる状態にしておきたいからです。

ただし、ハンガーに掛けると伸びてしまうセーターなどは、前夜の最終チェックのときにハンガーのそばに置いておけばOKです。イヤリングや指輪はジャケットのポケットの中に入れておいてもよいでしょう。遠足前日の子どものように、見えるところに明日のセットを置いて、ワクワクしながらベッドに入ったら最高ですね。

コーディネイトのハンガーを掛けるときは、向きと順番がポイントです。

右利きの人であれば、服の正面を左側に向けてクローゼットに掛けます。そうすれば、右手でハンガーを持ったときに、正面のコーディネイトを一目で見ることができます。

そして掛ける順番は、右利きの人であれば、月曜日から金曜日までの5日分を左から右に順に掛けていきます。そうしておけば、毎朝、一番左側にあるハンガーを取り出せばいいのです。

帰宅したら、着ていた服をハンガーに掛ける前に、汚れていないか、ボタンが取れかかっていないか、糸がほつれていないかをチェックしてください。洗濯が必要なものは洗濯かごへ、それ以外のものは洋服ブラシで見えない汚れを落として、またハンガーにまとめて掛けておきます。

このときは一番右側に掛けてください。こうしてハンガーの位置を毎日、ずらしていけば、翌日、着る服が一番左側にある状態になります。

左利きの人は、ハンガーの向きと順番が、右利きの人とは逆になります。

ちょっとしたことですが、ハンガーの向きと掛け方を工夫するだけで、見やすさが格段に違いますし、時間の短縮になります。

もし、出番のないコーディネイトができてしまったら、なぜ着ないのか、理由を考えてみてください。アイテムのどれかがしっくりとなじまなかったり、着心地が悪かっ

ハンガーのかけ方

右利きの人は、服の正面を左にして、月曜から金曜までのコーディネイトを左から順に掛ける。左利きの人はその逆に掛ける。

たり、必ず理由があるはずです。

そして、これからも着ることがないと判断したら、そのアイテムは「不幸服」として処分してしまいましょう。

レディスハンガーはおしゃれの常識

これまでクリーニング店のハンガーを使っていた方も多いと思いますが、じつはハンガーの形が洋服の型崩れの原因になっていることがあります。

クリーニング店のハンガーは、保管に使うには華奢過ぎますし、しっかりと洋服の形をキープすることができません。とくにウールやコーデュロイの服は生地が重いので、クローゼットに保管している間に型崩れしてしまうことがあるのです。

また、肩紐タイプのワンピースや襟ぐりの大きい薄地の服もハンガーによっては、肩紐が落ちてしまったり、肩のラインがずれてしまい、肩が変にふくらんで、すぐに着られない状態になってしまうことがあります。

ハンガーは購入し、できればハンガー専門メーカーのものを選んでください。ハンガーにもレディス用、メンズ用があり、ハンガー専門メーカーの製品なら、レディス、メンズそれぞれの標準体型に合わせ、肩幅のサイズが工夫されています。

また、ジャケット用やシャツ用、ボトムス用とアイテムの形に合わせたハンガーが揃えられている点も、ハンガー専門メーカーをおすすめする理由です。

私たちプロは、「ナカタハンガー」を使うことが多いのですが、最近はいろいろなハンガーメーカーがオンラインショップを持っています。「レディス用　ハンガー」などのキーワードで、お持ちのアイテムとご自宅のクローゼットの大きさに合うハンガーを検索してみてください。

洗濯のときは、ステンレス製で服を掛けたときに内側に空間ができ、乾きやすいタイプを選ぶといいでしょう。

ハンガーの使い方

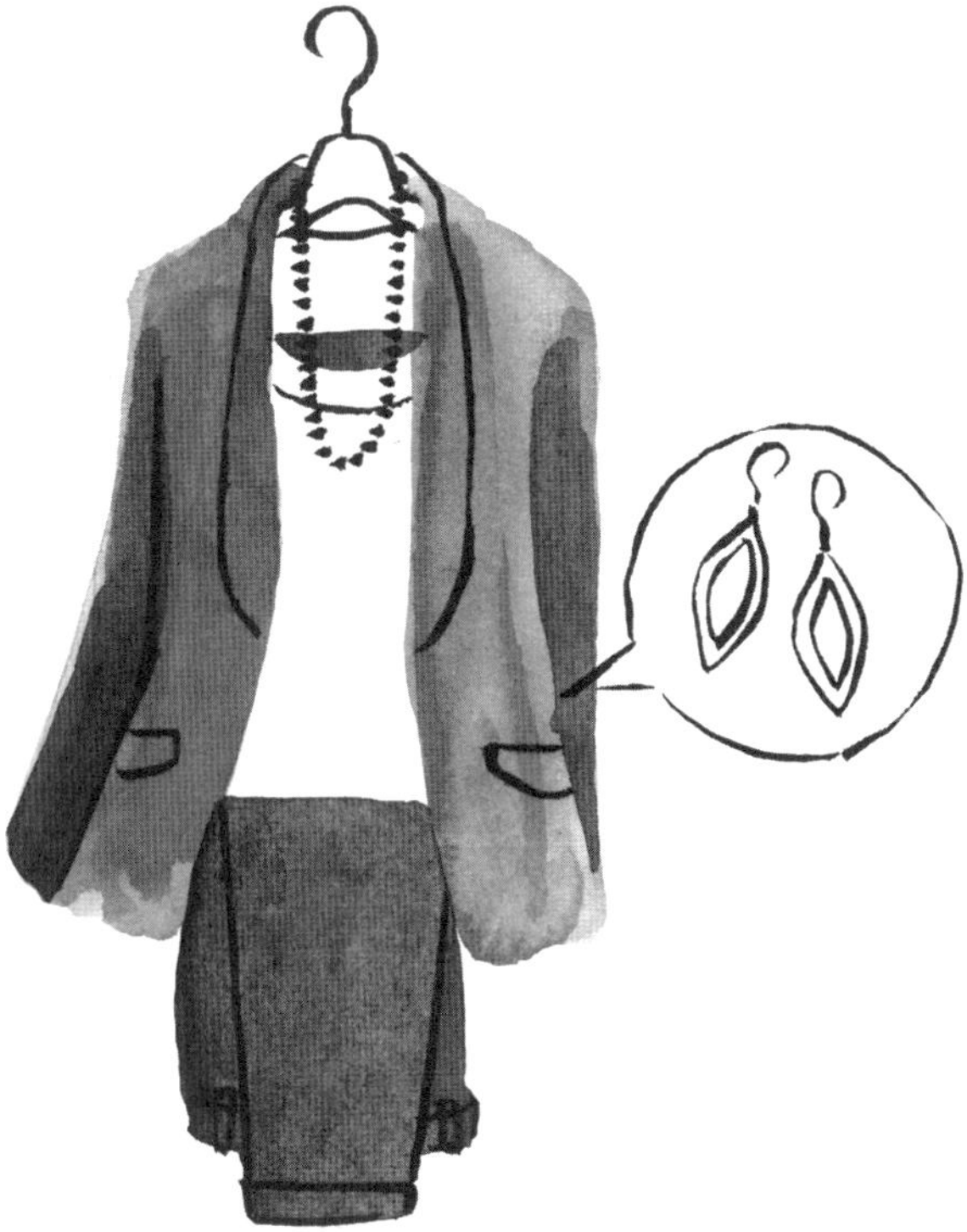

ワンセットでハンガーに掛けるときは、アンダーパーツのあるタイプが便利。トップス、ボトムスはもちろん、ジャケットなどのアウターも一緒に掛ける。ネックレスやストールもセットする。小さなアクセサリーはポケットにしまっておく。

Chapter 3 / 06

アクセサリーとストールを使いこなす

バストアップの視覚効果を利用

人は他人を見るとき、真っ先に顔に視線を向けます。そして、顔回りにあるアイテムが替わると「違うファッションをしている」と判断します。

第5のルールは、アクセサリーとストールの使い方次第で、イメージを変えるというものです。

ただし、どんなアクセサリーやストールでもいいというわけではありません。

35歳を過ぎると女性は肌がくすんできたり、体のラインが丸みを帯びてきます。そうした変化をカバーするには、キリッとシャープに見せたり、華やかなアクセントになるデザインの小物を使って、イメージを引き締める必要があるのです。

そう考えれば、プチダイヤのついた小さなネックレス、黒やグレーなどのダークな色やくすんだ印象のアクセサリーやストールでは、力不足なこともあります。場合によっては大人しく見せてしまったり、アクセサリーをつけている効果をあまり得られないことがあるのです。

ポイントとして使いたいなら、まず、アクセサリーはボリュームがあり、上品な輝きのあるビジュータイプです。ビジューアクセサリーは、アクセサリー専門店やアパレルブランドのショップでもよく見かけます。

ビジュー探しはやや高級めの好きなアパレルブランドのショップなどいろいろなお店の傾向と品質を見て回ると、上品に見える素材とチープに見える素材の違いも分かってきます。

お店に許可がもらえるようなら、アクセサリーを身につけ、全身の自撮り写真を撮ってみてください。どんなビジューアクセサリーが自分に似合うか、分かりやすいし、思っていたより派手過ぎないなど「目がなれる」ことがあります。

また、シルバーかゴールド（ブロンズ）のどちらにするか悩んだときは、手の平にシルバー、ゴールドを乗せて（なるべく大ぶりのアイテム）、どちらの手がきれいに見えるかチェックしてみてください。なじんでいるほうが似合う色になります。

ストールの場合は、きれいな単色のグラデーションになっているタイプと白や黒の無彩色で柄物のタイプを持っていると、いろいろな服に合わせやすく便利です。大きさは長さが2メートル、幅が70㎝くらいのものが使いやすいでしょう。ストールの角を対角に持ち、指で輪を作ってしごきます。ストールの端が足の付け根にくるように巻くと、縦のラインが強調されスッキリ見えます。

厚手よりは薄手のもののほうが使い回しが利きます。私は、華やかにボリュームアップさせたいときは、この2枚を一度に巻くこともあります。

これらのストールを持っていないときは、ぜひ購入を検討してみてください。簡単にコーディネイトの幅を広げることができます。

Chapter 3 / 07

靴とバッグは値段通りと心得る

大人の女性を目指すならプチプラはありえない

第6のルールは、靴とバッグ。これらも「幸せ服」コーディネイトでは、重要なアイテムです。

今、持っている靴とバッグを見直してみてください。使っていないものがたくさんあるのではないでしょうか。きちんと手入れができていなかったり、靴箱の中でずっと眠ったままのものもあるはずです。

「幸せ服」と「不幸服」を分けたルールは、靴とバッグにも当てはまります。使っていないものは使いにくかったり、今のあなたに必要がない、「二番手」だからなのです。有名なブランドでも高価でも、あなたを素敵に見せてくれない靴とバッグは、やはり「不幸アイテム」です。

「不幸アイテム」かどうか迷う場合は、お手入れをしてみてください。磨いたり、修理をすると、輝きが蘇り、コーディネイトに加えやすくなるからです。

靴の場合は、ブラシで汚れを落とし、靴用クリームを使っててていねいに磨きましょう。かかとがすり減っていたり、革が破れていたら、すぐに修理に出してください。

バッグの場合も持ち手が壊れていたり、底の角がすり減っていたら、修理を検討しましょう。革であれば、靴と同じように皮革用クリームを使って磨いてみてください。

修理の値段をチェックして修理や手入れに時間やコストがかかり過ぎるものや、どうしても「幸せ服」に合わせられそうもないもの、使う予定がないものは、「不幸アイテム」として処分したほうがいいでしょう。

どんなに「幸せ服」コーディネイトが決まっていても、靴やバッグが合っていなかったり、みすぼらしくては台無しです。

靴とバッグは、自分が思っている以上に他人に見られています。大切に扱っているかどうかで、その人の評価が決まることがあるほどです。

だからこそ、靴とバッグの合わせ方は、洋服以上によく考える必要があります。とくに要注意なのが、プチプライスのものです。

靴とバッグは、素材と製造工程を考えると、本来手間とコストがかかるアイテムです。プチプライスの靴やバッグはデザインはよくても、大人の女性には残念ながら上質に見えません。

特に靴は重心がまっすぐになるようにヒールが作られていないものも多く、悪い姿勢で歩くことになり、腰に負担がかかり、腰痛の原因になりかねません。かかとの一部分だけがすり減っているようなら歩き方に気をつけたほうがいいでしょう。

「幸せ服」の作り方をマスターすると、今までのようにむやみに服を買うことがなくなります。その分、被服費にかける予算に余裕が出てくるはずです。そのお金は、ぜひ靴とバッグ、時計などにかけてください。

8足をしっかり手入れして履き倒す

とはいえ、上質のものをたくさん買う必要はありません。

靴の場合、ふだん用に使うのは、カジュアルなフラットシューズ2足とエレガントなパンプスが2足、それに夏用のサンダルが2足、冬用のブーツが2足あれば、十分です。

ただし、これは数だけを考えての話。すべての靴が気に入ったデザインで、足にぴったりと合っていることが大切です。

バッグは、一生もののバッグ、日々をともにするバッグ、夏と冬に使えるカジュアルバッグ、冠婚葬祭で使う祝儀用と不祝儀用がそれぞれ一つあればいいでしょう。

「靴もバッグもそんな数でいいのかしら」と思われるかもしれませんね。

靴とバッグは日頃の管理が大きく影響するアイテムですし、洋服に予算をかけられなくても、靴とバッグの質がよければ、全体を格上げできる貴重なアイテムです。数が少ないほうが大切に扱いますし、お手入れもラクになります。

あれこれ目についた靴やバッグを買ってしまい込んでいるよりも、一軍バッグや一軍靴のお手入れに時間をかけたほうが、ずっと心が豊かになり、気分も盛り上がるのです。

Chapter 3 / 08

衣替えは「不幸服」を手放すチャンス

ワンシーズンが見極め期限

クローゼットチェックが終わり、「幸せ服」コーディネイトが日々、くるくる回るようになると、意外にも「幸せ服」のはずが、それほど使用頻度がなかったものが出てきます。

こういう場合、「結局着なかった」服は「幸せ服の二軍服」とし、少し距離をとります。

このときのポイントはクローゼットから出すこと。なぜなら「幸せ服」の一軍服と混ざってしまい、よけいなものが視界に入るようになり、せっかく完成した「幸せ服」コーディネイトが崩れてしまうからです。

そして、必ずフタつきのボックスに収納してください。

一度「二軍服」となってしまった服はどうしたらいいのでしょうか。「二軍服」の見直しは、シーズンの変わり目です。冬から春、夏から秋とファッションシーンがガラリと変わるシーズンの変わり目は、特に他のアイテムを合わせたくなる時期です。そのときに二軍服から、探してみてください。前は合わせられなかったアイテムが使えるようになることがあります。

二軍服を一軍に昇格させるときも、事前にコーディネイトを組むというルールは守りましょう。最低でも3パターンは組めるアイテムであることが「幸せ服」の条件ということを忘れないでください。当日になってから、二軍服を慌てて出して着るのはNGです。

二軍服をあれこれ組み合わせてみても、アイテムが足りなければ新しい服の買い足しを考えてみてもいいと思います。

「幸せ服」を買い足すときには、いくつかのポイントがありますが、第5章で詳しくお話しします。

さて、年2回の衣替えは幸せを呼び込むチャンスです。「幸せ服」でも確実に着ないと判断したものや、「二軍服」で「一軍服」に昇格できなかったものは、「不幸服」と考えましょう。

いつまでもクローゼットに掛けておくと、二軍服どころか「不幸服」が増えることになってしまいます。衣替えのタイミングで処分してください。

シーズンの変わり目、衣替えをチャンスととらえて「幸せ服」の一軍と二軍の絞り込み、入れ替えをすると、クローゼットはさらにすっきりと、そしてお気に入り服が手元に定着してきます。

女性用ハンガー

■ NAKATA HANGER（ナカタハンガー）

洋服の型崩れを防ぐには、しっかりした作りのハンガーを使うことがとても大切です。ミスマッチのハンガーを使うと、保管している間に生地の重さで縫い目が伸びてしまったり、シワが寄ったりしてしまうからです。スタイリストやアパレルショップなど、プロにも愛用されているハンガー専門メーカー、「中田工芸」の木製ハンガーは、コート用、スーツ・ジャケット用、シャツ・ブラウス用と、服によって違うパターンや厚み、生地などを考えて作られているので、大切な「幸せ服」をしっかり守ってくれます。ストール用ハンガーもおすすめです。
http://www.nakatahanger.com/

レディススーツハンガー

肩先の幅が57mmあるので、コートハンガーにもなる木製ハンガー。アンダーパーツはズレ落ちにくいフェルト加工なのでパンツスーツにも最適。あり・なしを選べる。（アーモンド／AUT−05F）／4320円（税込）

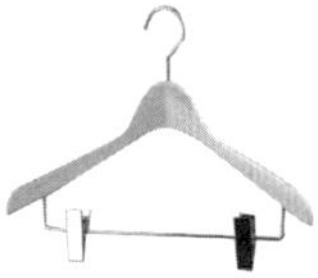

クリップ付きレディスシャツハンガー5本組

ハンガーそのものが湾曲し、洋服にフィット、シャツ、ブラウス、ワンピースなどオールマイティーに使える。アンダーパーツのクリップは動かせるので、パンツでもスカートでも。（クリア／SET−04クリップ付き）／5本組み1セット／7560円（税込）

■ MAWAハンガー（マワハンガー）

ドイツの「MAWA」社は世界最大のメタルハンガーメーカー。スカートやパンツをバネで突っ張るタイプのハンガーを世界で初めて開発し、60年以上の歴史があります。トップス用にはノンスリップコーティングをしているので、ブラウスなどをかけてもずれることがなく、型崩れも防げます。レディス用、メンズ用に加え、かける部分がラウンド型のもの、シャツに適したタイプなど、サイズも形も豊富なのは、加工しやすいメタルハンガーならでは。細いハンガーですが、丈夫で、クローゼットの中でかさばらないのもメリットです。
http://www.mawa-shop.jp/index.html

エコノミック36（ラメシルバー）

肩の出っ張りがないラウンド型のハンガー。ノンスリップコーティングなのでハンガー全体で衣類をしっかりキャッチするので、カーディガンやニットもずり落ちることがない。ピンクやオレンジなど9色。（エコノミック36）／359円（税込）／10本セット、20本セットもあり

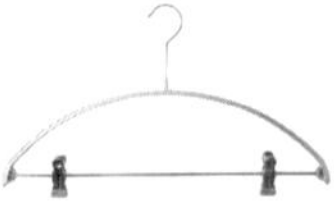

エコノミッククリップ40（ラメシルバー）

あらゆる服、スーツをセットアップで掛けられる。肩先の緩やかなカーブで型崩れも防ぐ。クリップは移動できるので、スカートやパンツのサイズを気にすることなくかけられる。（エコノミッククリップ40）／810円（税込）／10本セット、20本セットもあり

※2016年3月現在のものです。

Chapter 4

洋服のメンテナンスは自分のメンテナンス

Chapter 4 / 01

「おしゃれ心」は思いやり

自分も人も楽しくさせる

「幸せ服」を手に入れると、おしゃれが楽しくなり、自分に自信がつくので、積極的に行動できるようになるとお伝えしました。

そこで、第4章では、人生を楽しくする「おしゃれ心」を持ち続ける秘訣をお話ししていきたいと思います。

多くの方は、コーディネイトテクニックが上達さえすればおしゃれになれると思っているのですが、じつはおしゃれ心にもう一つ必要なのは、人への思いやりです。

周囲の人との関係を大切にすることが、おしゃれ上手への道を持ち続ける秘訣なのです。

そんなおしゃれの心得を、私はお客様からよく教えていただきます。

心が晴れ晴れとしていると、明るい色の服や、これまでに挑戦したことのないデザインを着てみようという気持ちが生まれます。でも、イライラしていたり、落ち込んでいると、装いも暗い色になったり、無難なデザインの服を選びがちです。

久しぶりにショッピングに同行したお客様に、こんな方がいました。いつも明るく、笑顔の絶えない方なのに、その日はどこか寂しげな表情がときどき浮かぶのです。装いもいつものお客様のコーディネイトよりも控えめな印象でした。

「何か心配ごとでもあるのかしら」と気になりましたが、明るくサービスをスタートし、お客様の表情を見ながら、色は明るめながら、いつもより落ち着いた印象を与えるアイテムをおすすめしてみました。

すると、「え？　なぜ分かったのですか」とおっしゃるのです。

話をうかがうと、お子さんが入院することになり、しばらく病院通いをするというのです。お子さんは、いつも明るい色の服を着ているお客様が大好きでした。でも、今、クローゼットに掛かっている服は、明る過ぎます。

「私がしっかりしなければ子どもを励ますことはできません。心配だからといって、地味な服装ばかりをしていたら、子どもは不安になってしまうでしょう。病院にふさわしく、でも私も子どもも元気になれるファッションが欲しくて、サービスを受けに来たのです」とおっしゃいました。

そのショッピングでお客様もリフレッシュされ、お子さんの元に戻られましたが、装いは思いやりそのものであることを、痛感した瞬間でした。

大切な服だから「お疲れさま」を

人生に大きな影響を与える相棒の、「幸せ服」をクローゼットにしまうときは、ハンガーに掛けてすぐしまうのではなく、ひと通り、チェックしてからにしてください。汚れや傷みがないか、ボタンが取れたりしていないか、次に着るときにもさっと着ていけるかどうか、調べてみましょうとお伝えしました。一日中、あなたを素敵に見せ、居心地よくしてくれた服にも「お疲れさま」の気持ちを持ってほしいのです。そのいたわりの気持ちが服への愛情を育て、あなた自身を癒すことにもつながります。

そしてもう一つ、おしゃれ心をキープするために必要なのが、周囲の人からのほめ言葉を素直に受け取ることです。

「幸せ服」を着て変わり始めたあなたを周囲の人は、「今日は素敵」「なんだか格好いいね」と、ほめてくれるはずです。そのほめ言葉を社交辞令として受け流すのは、とてももったいないと思います。ほめられたうれしさをそのままストレートに感じて、「ありがとう」と伝えてほしいのです。

もしかすると、「前のほうがよかった」などと、保守的な発言をする人がいるかもしれません。そんな人は、素敵に変わっていくあなたに、もしかすると嫉妬しているのかもしれません。専門家のアドバイスは別として、ネガティブな言葉は聞かなかったことにしてしまいましょう。

人生は短いのです。あれこれ耳にしたくないような言葉を真面目に聞いているより、好意的に評価してくれる人とおつきあいしたほうが、ずっと有益です。

例えばFacebookなどで「幸せ服」コーディネイトをアップするのもおすすめです。SNSのコミュニケーションでは匿名性が低く、つながりを大切にするのでポジティブなコメントが多くなります。

勇気を出して、素敵に変わっていくあなたを自撮り写真で表現しましょう。そして、応援してくれる人を大事にし、自信を持って、おしゃれ心を育てる糧にしてほしいと思います。忙しくなったり、気ぜわしいときにこそ、「幸せ服」は、心の余裕を生み出してくれます。忙しさに流されず、「幸せ服」を身につけ、その姿を他ならぬ自分が見てあげることです。

「こんな時でもきちんとしている自分」をほめたくなり、心がぱっと明るくなると思います。

Chapter 4 / 02

おしゃれな人はクローゼットも美しい

収納ではなくディスプレイ

「不幸服」がなくなり、「幸せ服」だけになると、クローゼットもかなりすっきりした状態になります。でも、もう少し、使いやすく、美しく整えましょう。

洋服はもちろん、ネックレスやストール、バッグなどの服飾雑貨も含めて、どこに何があるか、クローゼットを開けたときに一目で分かる状態をキープすると、「幸せ服」コーディネイトがさらに習慣化しやすくなります。

まず、ウールやカシミヤのセーターなど、ハンガーに掛けておくと伸びてしまうものは、引き出しタイプのボックスを使います。ワンシーズンに使う服は3段ボックスで十分、入ると思います。ボックスは、側面から見ても中身が分かる半透明のものが理想ですが、なければ、今あるもので構いません。

セーターをたたんだらくるくると丸め、幸せ服に合う順で、手前側から奥に、淡い色から濃い色もしくは濃→淡の順になるように収納すると、探しやすく、見た目も美しくなります。このとき、一番上の段にはウールやカシミヤなどのセーター類を、2段目には下着やカットソーなど薄手や綿素材のアイテムを入れてください。

一番下の段は、できれば空箱にしておきましょう。というのも、クローゼットはいつも扉が閉まっていますから、通気性が悪い場所です。そのため、床に近い場所はカビが生えたり、虫に食われやすいのです。「幸せ服」を厳選しても2段で収まらない場合、一番下の段には、カットソーなど、頻繁に出し入れするものを収納しましょう。洗濯したときは、十分に乾いてからしまうようにしてください。

アクセサリーの収納は、ポケット部分が透明なタイプのウォールポケットが便利です。ウォールポケットは、CD収納ウォールポケットなどの名前で市販されています。

アクセサリーを専用ケースにていねいにしまい込んでいる方は多いのですが、パッと目につき、すぐに取り出せる状態にしておかないと、すべてを使い回すことが難しくなってしまいます。ウォールポケットなら、全部のアクセサリーを一目で眺めることができるので、選びやすく、ほこりがつきにくいので一石二鳥です。

収納するときのポイントは、1つのポケットに、ネックレスとイヤリングを一緒に収納するようにすることです。デザインがセットになっているネックレスとイヤリングだけでなく、この2つなら一緒につけられるというセットを作り、収納しておくのです。つけるときに「あれはどこにいったかしら」と片方を探す手間が省けます。

そして、コーディネイトを組むときはアクセサリーを取り出し、ネックレスはハンガーに一緒に掛け、イヤリングや指輪はジャケットのポケットに入れておきます。そうすれば、すべてのアイテムをまとめて揃えられるので、当日は着るだけでおしゃれが完成するのです。

ウォールポケットは、クローゼットの扉の内側にS字フックを使って掛けるか、クローゼット近くの壁にプッシュピンなどを使って掛けるのが理想です。

ウォールポケットに収納していると、使わないアクセサリーがあることにも気づきやすくなります。また、アクセサリーが頻繁に目に入ることで、磨いたり、ほこりをふいたりと、メンテナンスを忘れることもなくなります。

ストールはたたまずハンガーに

ストールは、ハンガーに掛けて、クローゼットの中に収納します。ていねいに引き出しにしまっている方が多いのですが、持っていることを忘れやすいだけでなく、たたみジワもつきやすくなってしまいます。

「幸せ服」と同じようにハンガーに掛けて、つねに視界に入るようにしておくと、コーディネイトに登場する機会が増え、「不幸アイテム」になるのを防ぐことができます。

バッグは、ハンガーの上に棚があれば、その棚に立てて並べます。ほこりがつくと傷んでしまうので、購入時の袋に入れて見えにくければ、写真をはっておくといいでしょう。

バッグの数も「不幸アイテム」を減らした今は、かなり少ないと思いますが、職種やライフスタイルによっては、用事に合わせて複数のバッグを使い回さなければならない場合があります。

そんな方の場合は、置く位置を「幸せ服」コーディネイトと合わせます。月曜日のコーディネイトに合わせるバッグだったら、そのときの洋服が掛かったハンガーの上にバッグも置いてください。

そして前夜、翌日の準備をするときにクローゼットから出し、必要なものを入れ、帰宅したら、中身を全部出し、またクローゼットにしまっておきます。こうすれば、部屋の中にバッグが何個も出ている状態はなくなりますし、バッグを一晩、休ませることができます。また、毎日、バッグ内の整理整頓ができるので、周囲の人にバッグの中を見られて恥ずかしい思いをするということも避けられます。

ディスプレイ収納

靴もバッグと同じように、コーディネイトに合わせて、ハンガーの下に並べて置いてほしいのですが、部屋の中に靴を持ち込むのは抵抗がある方もいるでしょう。その場合は靴箱の中でコーディネイトの順に並べてください。そして、履くときは前夜のうちに靴箱から出し、玄関に揃えておきます。靴をしまうときは、軽く布やブラシでほこりを落とし、靴箱に入れます。毎日、同じ靴を履き続けたり、すぐにしまったりすると、靴が傷む原因になります。一日中履いた靴には湿気がこもり、革も疲れているからです。

帽子もクローゼットの棚の上など、近くに並べておきましょう。ほこりがつきやすい素材のものは、不織布の袋などに入れ、型崩れしないように保存します。ファンデーションなどの汚れは、固く絞った布でふき、乾かしてからしまいましょう。

こんなふうに服飾雑貨も「幸せ服」のルールと同じように整理し、収納していくと、誰に見せても自慢できるクローゼットができあがります。

ちなみにこの収納ルール、インテリアにも応用できます。「幸せグッズ」と「不幸グッズ」を区別し、厳選した「幸せグッズ」を活躍できる状態にスタンバイさせておくと、いつお客様を迎えても大丈夫な部屋になると思います。

Chapter 4 / 03

汚れも疲れもその日のうちにオフ

数が少ないから、毎日手入れができる

「幸せ服」コーディネイトは、アイテム数が厳選されているだけに、デイリーケアがとても大切です。

お手入れが苦手な方の中には、これまでアイロンが不要な素材の服やすぐに捨てても惜しくない服を買っていた方もいるでしょう。

でも、今、手元にあるのは、どれも大切な「幸せ服」ばかりです。お気に入りの服や服飾雑貨は長くつきあいたいですよね。

せっかく「幸せ服」を手に入れたのですから、ワクワクした気持ちを継続するためにも、デイリーケアのコツを覚えておいてください。

デイリーケアのポイント①……洋服ブラシは最強アイテム

毎日のケアに必須なものは、なんといっても、洋服ブラシです。持っていない方は、これから新しく「幸せ服」を買い足すより、その前に手に入れていただきたいくらいの必須アイテムです。

洋服ブラシは、ジャケット、セーターなど、洗濯が頻繁にできないウール製品の汚れを落とせますし、毛玉も防げます。汚れをすぐに落とすことで、クリーニングの回数も減らせるという、優れものなのです。

私がおすすめするのは、馬の尾毛《びもう》で作られた洋服ブラシです。馬毛は豚毛よりもやわらかく、生地を傷めにくいという特徴があります。大きさは縦の長さが20㎝くらいのものが使いやすいと思います。

私が愛用しているのは、「イシカワ」という老舗メーカーのブラシです。一番お手頃なタイプでも5万円弱、最高級品になると15万円強というブラシですが、仕上がりは素晴らしく、一生、使い続けられます。そこまで高価なものでなくても、2〜3万円のブラシは持っておいていただきたいと思います。「不幸服」や「不幸アイテム」を買わなくなったことで、被服費に余裕が出てくるでしょうし、カシミヤのセーターを1着買うつもりで、ぜひ検討してみてください。

使い方は、ハンガーに掛けた状態で、服の下から上に向かってブラシをかけます。毛の流れに逆らってブラシを使うと、繊維の奥に入り込んだ汚れやほこりが浮き上がってきます。次に上から下へ、毛の流れに沿ってブラシを動かします。これで、浮き上がった汚れやほこりを落とすことができます。

ウール製品などの毛玉は、摩擦で静電気が起こり、繊維がからまってできます。髪の毛がからまるのと同じ原理です。ブラシを使い、繊維の1本1本がからまる前にほぐしておくと、毛玉ができるのを防ぐことができるのです。

毛玉を放っておく方が多いのですが、おしゃれなデザインで品質がよくても、毛玉がついていては台無しです。しっかりケアをしてください。

また、汚れやほこりをすぐに落とすようにすると、洋服の持ちもよくなります。とくにウールのコートやジャケット、セーターなどは、クリーニングや洗濯をする機会が少ないアイテムです。大切にしているつもりでも、シーズンの終わり頃になると、ちょっとくたびれた感じがしてしまいますよね。

でも、毎日、こまめに汚れやほこりを落としておけば、シーズン終盤でも自信を持って着ることができ、長持ちすると思います。

洋服ブラシのかけ方

ブラシをかけるときは、下から上、上から下の順に。その日着た洋服すべてに愛情を持ってブラッシングする。

デイリーケアのポイント②……白い服はささっとつまみ洗い

もう一つ、デイリーケアが必要なのは、白い服です。白い服はどうしても汚れやすいので、帰宅したら、手洗いが可能な素材であれば、衿と袖口、脇の下をつまみ洗いしてください。もちろん、食べこぼしなどのシミがあれば、それも一緒につまみ洗いしておきましょう。

洗い方は、軽く濡らしてから、固形石鹸を直接、衿や袖口に塗りつけて軽くこすり、洗面器などで水洗いをします。お風呂に入ったついでにささっと済ませるのもよいと思います。毎回、着る度に洗濯機で洗うと生地を傷めますし、そのまま洗濯機に入れると、一番汚れやすい衿や袖口がきれいにならないこともあります。

それよりも、汚れが軽く、繊維の奥に入り込まないうちにさっと洗っておいたほうが、白さをキープできるのです。

ちなみに、洗濯表示のタグに記載されているドライクリーニングのマークは、「ドライクリーニング可」の意味です。ドライクリーニングでなければいけないという意味ではありません。ですから、ドライクリーニング表示の洋服でも、素材によっては、家庭で手洗いできるものもあります。

一般的に家庭で洗濯しやすい素材は、綿、ポリエステル、ポリウレタン、ナイロン、アクリル、洗濯しにくい素材は、カシミヤ、アンゴラ、レーヨン、キュプラ、シルクです。

絶対に洗濯で失敗したくない服はクリーニングに出したほうが安心ですが、よく着る白い服は、裾など目立たない部分でつまみ洗いをして、試してみるのもいいと思います。

家庭で洗濯できるかどうか、クリーニングに出したほうがいいのかを見極めるためにも、必ず左側についている洗濯表示のタグをチェックする習慣をつけておきましょう。最近は、自宅で洋服を洗う方法を教えてくれる本もたくさん出版されています。共感できる洋服のお手入れ本を1冊持っておくと便利です。

以前、私は、ダウンコートの袖口やコートの衿についているファー、ジャケットやシャツの首元などを家庭で洗う方法をお教えするために、テレビ番組に出演したことがあります。反響も多く、お教えした私のほうが驚いてしまいました。汚れが蓄積されてからクリーニング屋さんにかけこむのではなく、汚れが目立つ部分を早めにこまめに落としておけば、ホームクリーニングでもきれいな状態をキープできます。

気づいたら、さっと洗う習慣をつけましょう。

Chapter 4 / 04

衣替えで「幸せ服」のメンテナンスを

クリーニングは年2回が上限

毎日、「幸せ服」を大切にケアしていても、ものとしての寿命がありますし、ファッションの流行も移り変わります。年2回の衣替えの時期は、「幸せ服」を見直す絶好のタイミングです。

これまで服があり過ぎて、時間がかかっていた衣替えも、数が少なくなれば、限られたアイテムを入れ替えるだけです。役割を終えたシーズンアイテムを休ませ、これからのシーズンに備えて、引き出しの順番を入れ替える程度なら、あっという間に済みます。

衣替えのベストタイミングは、ゴールデンウィークとシルバーウィークです。お天気のいい日を選び、明るい場所で、デイリーに着回したかどうかを思い出しながら、服を入れ替えてください。

シーズンを通して着なかったり、次のシーズンはもう着られそうもないアイテムは「不幸服」として処分しましょう。

服の汚れや傷み具合は衿、袖口、裾などをよく確認しましょう。また、色褪せていないかどうか、黄ばんでいないかどうかもチェックします。

レーヨンや綿素材の洋服は、保管している間にシワや白っぽく色が褪せることもあります。とくにレーヨンはアイロンがけが難しい素材なので、浴槽にお湯を張った浴室で一晩、吊しておきましょう。頑固なシワでなければ、湯気のスチーム効果できれいになります。

ひと通り、洋服の入れ替えが終わったら、次のシーズンまで保管するものは、クリーニングに出します。

デイリーケアをしていれば、クリーニングに出すのは衣替えのときだけでOKです。クリーニングはきれいにプレスされて戻ってきますし、便利ですが、家庭での洗濯と大きく違うのは、水の代わりに石油系の溶剤や揮発性有機溶剤を使うことです。そのため「ドライクリーニング」と呼ばれます。

油汚れがよく落ち、型崩れや生地の収縮が起こりにくく、風合いが変わりにくいなどの特徴がありますが、洋服への負担も少なくありません。特にデリケートな生地が多い女性服は、家庭での洗濯が難しいもの以外は、クリーニングは衣替えの年2回にしておいたほうがいいのです。

保管カバーにこだわることでカビと虫食いを予防

クリーニングから洋服が戻ってきたら、かかっていたビニールカバーはすぐにはずしましょう。お店によっては、カバーが保管用の素材で作られていなかったり、プレスしたときの蒸気がまだこもっていることがあります。そのため、そのまま保管すると、カビが生えてしまうことがあるのです。

カバーのタイプは、利用しているクリーニング店に確認するといいでしょう。保管用カバーでなかった場合は、東急ハンズなどで専用カバーを購入することをおすすめします。

ニット類の保管には必ず防虫剤を入れてください。日本は湿気が多いので、防虫剤を忘れると、すぐに虫に食われてしまいます。

靴も十分に乾燥させてから、シューキーパーを入れて保管しましょう。

バッグの場合は、内側に張ってある布をよく見てみてください。ものを出し入れする場所だけに傷みやすく、奥のほうが破れていることもあります。また、ちょっとした食べこぼしなどの汚れがついていると、虫にやられてしまいます。

一度、バッグを逆さまにして、内袋を引っ張り出し、ついているゴミを落としましょう。シミがついているようであれば、つまみ洗いをして汚れを落とします。その上で十分に乾かしてから、袋に入れて、しまってください。

衣替えのタイミングでコートやバッグの修理も済ませておきます。靴のつま先やかかとなどの革が傷んでいたら、色直しをしたり、色を染め変える「色つけ」という方法で補修します。色が褪せたことでくたびれた感じがする靴やバッグが美しく蘇るので、次のシーズンにまた新鮮な気持ちではくことができます。

「靴専科」など、修理専門店で対応しているので、問い合わせてみてください。

Chapter 4 / 05

たった数千円でオーダーメイド

35歳を過ぎたら、お直しは9割必要

「幸せ服」を大切に着るようになると、フィット感も気になってきます。既製服は、女性の年代別標準体型のパターンを基本にして作られています。一人ひとりの体型はちがうので、オーダーメイドのようにぴったりと体のラインに合わないことがあるのは不思議ではありません。

中でもよくあるのが、ウエストのサイズ違いです。パンツをはいてみて、お尻はぴったりなのに、ウエストがゆるいという方は日本人に多いものです。

ジャケットやシャツも、ウエストを詰めたほうがすっきり見えることがあります。

とくに35歳以上になると、体型が若い頃と変わり、個人差も大きくなってくることから、既製服がどの部分もジャストサイズという人は、まずいません。

購入する時点でジャストフィットのサイズが選べればベストですが、合わないこと

が多いのですから、「35歳以上になったら、既製服はそのままでは着られない」と思っていたほうがいいくらいです。

また、デザインも一見、似たように見えて、数シーズンの変化で、袖幅、着丈などが変わってきます。たとえば、袖幅です。以前は広めのデザインが主流でしたが、最近は細めが主流です。

そんな洋服と体型のミスマッチを修正してくれるのが、お直しなのです。

私は体型にフィットしていない場合、「お直ししましょう」とお客様におすすめし、採寸を始めることが多いのですが、驚かれる方がほとんどです。

お直しすればジャストフィットで着ることができるのに、とてももったいないと思います。

昔、着ていた懐かしいアイテムでも、今の雰囲気に合うように直すと、同じ服が見違えるほどすっきりして、素敵になります。「幸せ服」がよりいっそう体になじむと思います。

お直しの多い部分は、なんといってもウエストです。パンツやスカートをベルトで無理に締めているより、リフォームでジャストサイズにしたほうがヒップラインがきれいに見えるので、その結果、よく着るようにもなります。

ジャケットやシャツも体のラインから浮き、太って見えるようなら、ウエストのお直しを考えてみてください。

スカートとパンツは裾丈もチェックしてみましょう。折り曲げて丈を変えてみてください。脚がすっきりと見えるラインがあるようなら、お直し対象になります。

そして意外に多いのがコートやジャケットの袖詰めをしていないケースです。

適正な長さにしないと幼く見えたりするので、プロから見るととてももったいないと思う部分です。

ボディメイクと同じ効果

その他にもお直しできる部分はたくさんあります。袖丈や裾丈、肩幅、身頃を詰める、肩パットを取る、ボタンの位置を移動する、ヒップのサイズを大きくする、パンツの幅を詰める、シャツの裾の形を変えるなど、メニューは豊富です。

実際に何㎝詰めたほうがいいかは、依頼先の店員さんが相談に乗ってくれます。

リフォームの依頼先は、いくつかあります。

1つは、服を買ったアパレルショップ、2つめはデパートのお直しコーナー、3つめはリフォーム専門店です。アパレルショップやデパートでは対応していないお直しも、リフォーム専門店なら対応できる場合があります。

お直しの金額は店によって違いますが、目安はウエストを1カ所詰めるリフォームで2000～4000円くらいです。

お直しのメリットは、手持ちの「幸せ服」がより素敵になるだけではありません。新しく「幸せ服」を買い足すときにフィット感も気にするようになるので、自分の体型に合った服を探しやすくなります。

お直し体験は、自分の体型と既製服のパターンのどこがミスマッチになっているのかを確認したり、自分の体型の特徴を把握するいい機会になります。ぜひ一度、試していただきたいと思います。

Chapter 4 06

清潔感は細部に宿る

手と足にこそ潤いを

「幸せ服」を続けるための最後の習慣は、ボディケアについてです。

「幸せ服」を着ると、姿勢や体の動かし方が変わり、これまでよりも自分の体に関心が向くようになります。

大人の女性のボディケアのポイントは、肌を生き生きとさせ、清潔感をキープすることです。

35歳を過ぎると、女性は髪や肌、体のラインに年齢の変化が表れてきます。その変化を補い、若々しく見せる「生き生き清潔感表現ケア」が必要になるのです。

まず、気にしていただきたいのが手足です。顔はメイクでカバーできますが、手と腕、足は素肌を見せる部分です。手足の肌が乾燥し、粉をふいたような状態になっていたり、かかとが白く硬くなっていると、老け感が一気に倍増してしまいます。

とくに手は毎日、酷使される部分だけに、年齢が出やすいと言われます。

ご自分の手をよく見てみてください。手の甲がカサカサに乾燥していたり、爪の縦線が目立っていたり、甘皮が伸びていませんか。

手のうるおいを保つには、ハンドクリームをこまめに塗ることです。保湿効果の高い尿素入りのハンドクリームを家のあちこちに置いておきましょう。気がついたときにすぐに手に取れるので、塗り忘れを防ぐことができます。

爪のケアには、市販のネイル用オイルがおすすめです。

爪は髪の毛と同じように伸びてしまった部分の細胞が再生することはありません。健康的な爪を作るのは、爪が伸びてくる部分にある「爪母《そうぼ》」という器官です。この爪母にネイル用オイルをこまめに塗り、乾燥を防ぎます。

ネイル用オイルには、液体タイプ、クリームタイプ、リップクリームタイプがあります。爪の根元に液体タイプのネイル用オイルを1滴たらしたり、クリームタイプやリップクリームタイプを一塗りしてから、指ですり込むようにマッサージしてみてください。

ネイルマッサージもハンドクリームをつけたときに一緒に行うといいですね。

足も手と同じく、保湿が必要です。入浴後はボディクリームを塗り、乾燥しやすく、生活感が出やすいひざとひじ、かかとは入念に塗ってください。

また、手のケアを気にしてほしいのは、じつは夏。冬は乾燥が気になるので、皆さん、一生懸命にケアしますが、湿度が高い夏は乾燥していることに気づきにくく、ハンドクリームを塗り忘れやすいのです。

でも、手も顔と同じく紫外線のダメージを受けていますし、ケアが足りないと、夏の疲れが秋に出てきてしまいます。一年中、手のケアを怠らないことです。

今や、ネイルはマスト

爪の縦線が目立つ方は、マニキュアでカバーしてみてください。薄いベージュピンクや透明のマニキュアを塗るだけでも、若々しい爪になります。

もっとおしゃれを楽しんでみたいという意欲的な方は、ジェルネイルに挑戦してはいかがでしょう。マニキュアはきれいに塗っても1週間ほどではがれてしまいますが、ジェルネイルは一度施術を受けると、3週間ほど美しい状態を保つことができます。

ネイリストさんからすると、ネイルをしていないのは「裸で歩いているも同然」くらいに思えるそうです。

ジェルネイルは、ネイルサロンでの施術になり、落とすときもサロンに行かなければばなりませんが、エステサロンよりは気軽に行けます。たまには頑張っている自分をリラックスさせるご褒美と考えて、足を運んでみてはいかがでしょうか。手をさわってもらうだけでもリラックス効果があります。

40歳を過ぎたらシュシュはNG

次は、ヘアスタイルです。髪が伸び過ぎていたり、つやがなかったり、根元の白髪が目立っていると老けて見えるだけでなく、みすぼらしい印象になり、せっかくの「幸せ服」コーディネイトの魅力が半減してしまいます。

自宅でヘアカラーをする方法もありますが、市販の白髪染めは黒く染まりやすい傾向があり、塗りムラができることもあります。

「幸せ服」コーディネイトとのおしゃれ感がちぐはぐにならないように、1カ月に1回は、余った洋服代でヘアサロンに行くようにしてください。

ヘアスタイルも、これまでと違うデザインにどんどんチャレンジしてください。

何年も同じヘアスタイルを続けているのは、時間が止まったように「懐しい」と思えることも。今のあなたにふさわしいヘアスタイルに変えてしまいましょう。

私の会社では、パーソナルスタイリストによるヘアサロンへの同行サービスも行っています。私も数多くのお客様に同行しますが、髪を短く切っただけで、溌い雰囲気が加わります。全身のバランスが軽くなるので、同じ洋服でも見違えるようにすっきり見えることがあります。

「幸せ服」を着ても、今ひとつ若々しく見えないときは、なつかしいヘアスタイルと洋服のチグハグ感が原因かもしれません。

新しいヘアスタイルに挑戦したいときは、ちょっと勇気がいりますが、いつもと違うヘアサロンに行ったり、いつもと違うヘアスタイリストさんにお願いしてみてください。もちろん同じ担当の方に正直に相談してみるのもいいと思います。これまで試したことがない斬新なヘアデザインを考えてくれることがあるかもしれません。

最近は若い方でも薄毛の悩みをお持ちです。ロングからショートにすることで髪の立ち上がりがよくなり、薄毛が目立たなくなる場合があります。ウィッグを楽しむのも一つの手です。

ヘアアクセサリーの選び方も大切です。ヘアクリップやシュシュを好む方は多いのですが、これらのヘアアクセサリーはデザインがラフ過ぎたり、布の質感がやわらかいことから、自宅でリラックスしているような締まりのない雰囲気になってしまいます。

40歳を過ぎたら、品のあるデザインのバレッタや飾り付きのヘアゴムできりっとまとめたほうが、はつらつとしたイメージになります。

歯の美しさも重要です。

歯の健康は全身の健康に大きく影響します。歯が痛くなれば、装いどころではなくなります。健康あっての装いです。健康的な笑顔でぜひ、人を惹きつけましょう。

虫歯がない方でも、3カ月に1度は歯科医院でメンテナンスとクリーニングを受けることです。歯石を取ることで虫歯予防になり、口臭も防げます。また、食べ物や飲み物でついた歯の着色を落とし、白さをキープすることもできます。

今、黄ばみが気になるようなら、歯のホワイトニングを受けるという方法もあります。健康保険は使えず、自費診療になりますが、最近は多くの歯科医院でホワイトニングを受けることができます。

個人差はあるものの、一度受けると、歯の白さがかなり違ってくるので、笑顔に自信が持てるようになります。

おしゃれは「トータル」での美しさが肝心です。私もお客様には、常日頃から全体的なバランスを見てアドバイスしています。

洋服ブラシ　得するColumn-4

■ 高級洋服ブラシ　イシカワ

http://home.g08.itscom.net/ishikawa/index/

洋服ブラシには、生地を傷めない柔らかい感触と、ホコリを落とすのに必要な腰の強さという相反する性質が必要です。柔らかい生地が多い女性の服は馬毛がベスト。「イシカワ」のブラシは馬毛の中でもさらに希少な「尾脇毛」という毛が使われています。高級筆にも使われ、通常の馬毛の10倍以上もの値段になることもあります。さらに「火のし」と呼ばれる焼き入れ作業で尾脇毛をまっすぐにしたり、毛にハリを持たせたり、と細かな手仕事を経て作られています。一つ5～10万円する洋服ブラシの最高級品ですが、一生モノの価値はあります。日本橋高島屋、新宿伊勢丹メンズ館などの他、イシカワのホームページからもネット注文が可能です。

馬・馬脇毛・黒・先付

イシカワの洋服ブラシの中で最もベーシックなアイテム。長21cm、幅5.7cm、毛丈3.5cm。4万6440円(税込)

馬・尾脇毛・ウス・先付

ウス毛の先端を生かした絶妙の柔らかさとしなやかさ。裏蓋：桂、ウレタンニス仕上げ。長さ21cm、幅5.7cm、毛丈3.5cm。5万4000円(税込)

■ ブラシの平野

http://www.burashiya.com

馬毛の高級ブラシで、もう一つのおすすめメーカーが、「平野刷毛製作所」です。馬の尾毛の中でももっとも太く、長い貴重な「本毛」を使い、「手植え植毛法」で作られています。手植え植毛は時間も手間もかかりますが、機械による植毛より丈夫なのが特徴です。「ブラシの平野」は一穴ずつ職人の手で植えています。人気の高い「手植え水雷型」と「手植え羽子板型」は、毛足が55センチと長く、使いやすいサイズです。

手植え水雷型

223個もの植毛穴があり、柔らかい馬毛がしっかりと植えられている。手のひら全体でつかむ形なので、軽く生地をなでるように使える。長さ21cm、毛丈5.5cm。天然木、馬毛、9行手植え。2万4840円(税込)

手植え羽子板型

洋服ブラシにハンドルがついたタイプ。植毛穴は122個。コンパクトな形なので、手が小さい女性でも扱いやすい。長さ(持ち手含む)26cm、毛丈5.5cmセンチ。天然木、馬毛、8行手植え。1万7280円(税込)

※ 2016 年3月現在のものです。

Chapter 5

究極のお得な買い物

Chapter 5 / 01

「買い替え」で自分スタイルを進化させる

10着の安物より納得できる1着

「幸せ服」コーディネイトが習慣になり、おしゃれな着回し術が身についてくると、そろそろ新しい「幸せ服」が欲しくなってきます。

シーズンに合ったアイテムが足りなかったり、流行が変わってくるからです。

「もっとおしゃれになりたい」という気持ちが盛り上がるのは、とてもいいことです。どんどん新しいスタイルにチャレンジしてください。

クローゼットが「幸せ服」だけになり、着回し術もマスターしたあなたなら、もう無駄な「不幸服」を買うことはないでしょう。

「幸せ服」コーディネイトの基本がきちんとできていますから、今のあなたに合わせて、アップデートしていけばいいのです。「幸せ服」だけを持っていると、買い替えや買い足しのときも、いいことがたくさんあります。

自分をおしゃれに見せてくれる服がどんな服なのか、避けなければならない「不幸服」はどんな服なのかが分かっていますから、今の自分にぴったりと合う服を見つけることができます。たとえば、シンプルな白のセーターを例に挙げてみましょう。商品によって、素材がウールなのかカシミヤなのか、衿ぐりの大きさや形、編み地の風合い、身丈のサイズ、袖回りの太さと、千差万別ですよね。

究極の「幸せ服」探しの成功体験を得たあなたなら、新しく手に入れる1着にもとことんこだわると思います。これまでは何を探したらいいか分からず、妥協していたかもしれませんが、今は必要なセーターが具体的に思い浮かぶはずです。合わせたいものを着てその1着を探しに行けばいいのです。

10着の安物を持つより、納得できる1着を持つことの大切さが分かっていますし、被服費にも余裕ができていますから、洋服にかける単価を上げることができます。長く愛せる上質な服を手に入れることができるのです。

長く愛せる上質な服とは、決して無難な服ではありません。自分のキャラクターにふさわしい素材や色、手持ちのアイテムにぴったりと合うデザインなので、気持ちよく着られますし、着ると気分が盛り上がるはずです。誰にでも合う服ではなく、「あなただから似合う服」です。

Chapter 5 / 02

「買い足し」の勝負は準備で決まる

イベント用なら、服よりアクセの買い足しを

新しい「幸せ服」を買い足すときは、お店に行く前がとても大切です。たっぷり時間をかけて準備をすることが、「幸せ服」のアップデートを成功させます。

まずはショッピングに行く前に、持っているアイテムを全部、クローゼットから出してみて、チェックしましょう。

「幸せ服」と「不幸服」を分けたときとは違い、数が少なくなっていますから、どういうアイテムを買いたいのかが、見分けやすいと思います。

全部を見渡してみると、他の手持ちのアイテムを使えば、目的のコーディネイトが組めたり、トップスが必要と思っていたけれど、ボトムスを増やしたほうが、コーディネイトのバリエーションが広がることに気づいたりします。

また、買い足し目的のクローゼットチェックは、「新しい服が欲しい」という盛り

上がった気持ちをいったん冷静な状態にまで引き戻してくれます。

その結果、やはり必要と考えたら、どんなアイテムを買い足すのか、具体的に考えていきましょう。

まず、考えてほしいのは、すでに持っているアイテムの買い替えなのか、新しいアイテムの買い足しなのか、ということです。

買い替えの場合は、手持ちのアイテムのどこが不満なのかを考えてみてください。色やデザイン、袖丈や裾丈など、何か「もっとこうだったら」という思いがあるはずです。

気がついたことや欲しいアイテムをメモに書いてみたり、絵として描いてみるのもいいと思います。

頭で考えるだけでなく、目で見える形にすると、実際にショッピングに行ったときに、目の前にある服と自分のイメージを一致させやすくなります。

買い替えた後は、役目を終えた服を処分することも忘れずに。「まだ着られるから」と、とっておくのはNGです。

買い足しは、買い替えよりももっと慎重さが必要です。

どのアイテムに合わせたいのか、どんなシーンに着ていくのかを具体的に考えておかないと、せっかく買ったのに、使えない「不幸服」になる心配があるからです。

とくに、イベントやパーティーがあり、手持ちの「幸せ服」では華やかさが足りないために買い足す場合、あるいは、今の流行をファッションに加えたいという場合は、本当に手持ちの服では対応できないのかを考えてみてください。

その結果、やはりどうしても間に合わないという場合にだけ、買い足しを検討しましょう。

買い足しアイテムを選ぶポイントは、イベントやパーティーが終わってからも、着回しコーディネイトに組み込めるかどうかです。せっかく買ったのですから、デイリーファッションをもっとおしゃれにしてくれるアイテムとしても使えたほうがいいですよね。

ハイブランドを知るだけでグレードアップ

今年らしさを加える場合も、どのアイテムを買えば一番効果的なのか、を絞っておくことが欠かせません。

一つのアイテムがヒットしたときは、「幸せ服」になじむデザインのものを1着買えば、今年風の装いができあがります。あれもこれもと手を出さなくて済むのは、助かりますよね。

ただ、あまりにも流行ったアイテムは、翌年に着ると、流行遅れと見られてしまうことがあります。そんな大人気のアイテムは、ワンシーズン、思いっきり着回すことを前提に購入価格を検討しましょう。

また、手持ちのアイテムが少ない人は、今年限りのデザインになりそうな服よりも、アクセサリーやストールなど、長く使えて、身につける機会も多い小物を買い足したほうが、今年風になるかもしれません。

買い替えや買い足しのスキルを高めるためには、ハイブランドを知ることも大きな学びになります。ハイブランドの生地や装飾は素晴らしく、おしゃれ心を刺激されます。

ハイブランドの服に袖を通し、心地よさや価格を知っておくと、最上のものの基準が分かります。そこから、自分にふさわしいアイテムのランクや価格を決めていくという方法もあります。勇気はいりますが、ハイブランドのお店に行ってみるのもおすすめです。

Chapter 5 / 03

お買い得品は〝足〟で探す

〝安物買いの銭失い〟にならない

「幸せ服」の買い足しを決めたら、次はどこのお店で買うかです。

インターネットのオンラインショッピングでも、いろいろなデザインの洋服やバッグ、靴が手に入るようになりました。でも、「幸せ服」の買い足しには、オンラインショップは向きません。サイズや色、生地の風合いなどは、写真では分かりません。実際に着てみないと判断できないことが多いからです。

「幸せ服」選びのポイントは、着たときに気持ちがパッと盛り上がるかどうか、です。あなたを美しく、おしゃれに見せてくれる服は、着たときに感動を与えてくれます。「その服を着た自分を見たときに鳥肌が立った」と、おっしゃるお客様もいるくらいです。その感覚は、服が肌に触れたときの感触や鏡で全身を見たときにしか分からないものです。さらに言えば、オンラインショップは、今、流行しているデザインや価格が安いもののほうが売れやすいため、ファストファッション価格に近い商品が数多く取り揃えられています。「幸せ服」を手に入れたあなたが目指すのは、上質な大人の女性らしさです。「安物買いの銭失い」になるようなことは、やめましょう。

「幸せ服」を探しに行ったはずなのに、見つけられなかったり、妥協してしまったり、結局、「不幸服」を買うはめになるのは、行くお店の数が少な過ぎるからです。

最低でも5～10店舗を目標に、できるだけ多くのお店を回り、欲しいアイテムを徹底的に探し出しましょう。ショッピングのときは、買い足したいアイテムを合わせるコーディネイトで出かけることもポイントです。シーズンがまだ早過ぎる場合は、服を持参し、試着室で着替えましょう。

私は、海外のお客様のショッピングアドバイザーとして同行することもあるのですが、海外の方は1着の服を買うのにも、徹底的にこだわり、妥協しません。いろいろなお店で試着しますし、買う候補に入った服は細かくチェックして、本当に買う価値があるかどうかを見極めます。そして最終的に「違う」と思えば買いません。見る目を養うことで、好き嫌いをはっきり言えるようになるのです。

上質な服を選ぶとなると、ある程度の価格はします。安い買い物ではありませんから、周囲を気にすることなくじっくりと試着し、自分の納得感を優先してください。

Chapter 5 / 04

試着は最低でも5分

サイズ、着心地、動きやすさは大丈夫？

パーソナルスタイリストの仕事のメインは、お客様のショッピングに同行することです。私はお客様の買い足しに同行するとき、「5分は試着したまま、過ごしてくださいい」と、お願いしています。

これまで着たことのない服にチャレンジするときは勇気がいります。とくに、今らしさを演出してくれる服を買うときは、見慣れるまでに時間がかかります。「派手すぎるのではないかしら」と、心配になるものです。

ところが、そんな服も5分間、着続けてみると、最初の頃とは印象が変わり、しっくりと自分に馴染んでくることがあるのです。「霜鳥さん、何だか似合う気がしてきちゃった」とお客様。

5分間試着すれば、一見冒険に思えても、おしゃれをしたい気持ちをぐっと盛り上げてくれるはずです。

逆に「これは似合わない」「不幸服になりそう。手持ちの幸せ服とマッチしないかも」と、感じてくる服もあります。

気に入って買ったはずなのに、あらためて見てみたら、なんとなく似合わない気がして、いつの間にかクローゼットの「不幸服」になっていた、という服がたくさんありましたよね。

そんな、お店で見たときと家での印象のミスマッチは、事前の準備不足に加えて、試着室での着用時間が短過ぎることにもあるのです。

また新しい「幸せ服」候補を着たら、試着室では腕を上げてみたり、かがんでみたり、体を動かしてフィット感を確かめてみてください。そして、試着室から出て、靴を履き、お店の鏡で前、横、後ろと、全身くまなくチェックしましょう。

どこかに変なシワが寄っていないか、丈は合っているか、ウエストがゆる過ぎないか、よく観察してみてください。胸元やお尻のあたりにシワが寄っているようなら、あなたの体型とパターンが合っていません。どんなに素敵なデザインでも、いずれ「不幸服」になる可能性があります。

フィットしているかどうかは、体のカーブにしっかり沿い、ノースリーブであれば袖ぐりが浮いていないか、肩線が肩と合っているか、袖幅がきつそうではないか、袖丈やパンツ丈が合っているかを確かめます。

ジャケットであれば、前がきれいに閉まるか、背中側に衿が落ち、着崩れた状態になっていないかをチェックしてください。

パンツは、ももの周りがきつくないか、股のVゾーンに変なシワが入っていないかを気にしましょう。

サイズがフィットしないようなら、上か下のサイズも着てみてください。色違いも着てみると、意外にそちらのほうが似合うかもしれません。

鏡で見るより、写真で見る

お店によっては写真撮影を禁止しているところもあるので、必ず店員さんにたずね、許可をもらってからにしてほしいのですが、新しい「幸せ服」候補を着た自撮り写真を撮ることも、ぜひやってください。

鏡で見ていたときは素敵に見えていたのに、写真に撮ってみたら、見逃していた難点に気づくことがあるからです。

既製服の場合、全部のサイズがぴたりと合うことが少ないので、どうしてもウエストがゆるかったり、スカートの丈が長過ぎることもあります。でも気に入ってしまった場合は、前述のお直しを前提に選ぶことも考えてみてください。

手持ちの「幸せ服」のお直しを経験した方なら、自分の体のどこが既製服と合いにくいかが分かっていると思います。お直し経験を積み重ねてくると、「このくらいのウエストのゆるみなら、お直しでフィットするようになるかも」という勘どころが分かってきます。

1〜2カ所、それぞれ5000円以下のお直しでフィットする服も、新しい「幸せ服」候補に含めることができれば、探す範囲がもっと広がります。

Chapter 5 / 05

下着は装いの土台

ブラジャーで洋服のサイズが変わる

「幸せ服」の買い足しでは、下着を新しく買うことも考えてください。何年もボディサイズを測っていない人は、買い換えを考えたほうがいいでしょう。

下着は装いの土台になるものです。せっかく「幸せ服」が揃ったのですから、ボディメイクからきちんと整えたほうが、さらに美しく装えます。

とくにブラジャーは大切です。最近は、ブラカップ付きのキャミソールやタンクトップがインナーとして人気です。でも、ブラトップは、リラックスするときのホームウェアです。おしゃれな女性に必要なのは、やはりジャストサイズのブラジャーです。

35歳以上になると、20代の頃よりトップバストの位置が下がり、バスト全体も横に広がってきます。また、ふくよかになり、アンダーバストのサイズが上がっていることもあります。形が変わり、若い頃のようなツンとした胸がキープできなくなっているバストをしっかりと支えるには、ブラトップでは力不足です。女性の年代と体型を考えて作られたブラジャーが必要なのです。

私のお客様でも、ブラジャーを体型に合ったものに変えたら、トップスがワンサイズ下がった方がいます。バストが大きい方だったのですが、年齢が上がったことでトップバストの位置が下がってきていました。にもかかわらず、ブラジャーは以前と同じサイズを選んでいたのです。そのため、バストとブラジャー、トップスのミスマッチが起こり、バストの位置がずれシャツやジャケットなどのボタンが留まらないからと、11号の服を選んでいました。バスト以外の部分にしわが寄り、オーバーサイズのため太って見えていました。ブラジャーを今の体に合うサイズに変えたら、9号のシャツがぴったり着られただけでなく、胸元もすっきりしてバストラインがきれいになったのです。

ブラジャーもきちんとしたメーカーのものなら、ボディメイクをしっかりしながら、胸を締めつけず、苦しくありません。胸がむやみに目立つようなこともありません。

買うときは、背中が美しく見えるアンダーバスト測定も依頼しましょう。そのためにも、下着も専門店で買うのがおすすめです。正しく採寸してもらい、体に合った下着を選ぶようにしましょう。

Chapter 5 / 06

ショップの店員さんをスタイリストに

バックヤードにこそお宝が

買い足しには誰かのアドバイスがあったほうがベター。そんなときは、私たちパーソナルスタイリストを呼ぶか、ショップの店員さんをスタイリストにしましょう。

店員さんとのつきあい方にもコツがあります。一つは、お店の商品を知り尽くした店員さんを探すこと。なかでも、そのブランドの服をセンスよく着こなしている人は、商品に精通しているものです。商品知識が豊富で、話しかけやすい店員さんと仲良くなるのです。ほとんどのショップでは、店頭に並べきれていない商品をバックヤードに在庫として持っています。仕事熱心でアドバイスが上手な店員さんなら、どんな商品が欲しいかを相談すれば、バックヤードも探して、最適なアイテムを出してくれることがあります。

もう一つのコツは、自分が欲しい「幸せ服」のデザインや色、何に合わせたいかをはっきりと伝えることです。イメージが具体的であればあるほど、店員さんもぴったりの商品が探しやすくなります。

そして、店員さんのアドバイスを受けながらも、買うかどうかの最終判断は、究極の「幸せ服」を思い出しながら、あなたが決めてください。

かつてのあなたは、欲しい服がぼんやりとしていたはずです。そのため、「そのトップス、とても人気があるんですよ」「私も持っています」などとすすめられるまま買っていたのではないでしょうか。でも、アドバイスが上手な店員さんでも、あなたのクローゼットやライフスタイルを全部、知っているわけではありません。クローゼットの中をすべて把握しているのは、あなただけです。

アイテムだけ見れば、とてもいいものかもしれませんが、あなたに似合うか、あなたのクローゼットに必要かどうかは別です。その判断を他人にゆだねないことが、「幸せ服」を買うためには、とても大切なのです。

アパレルショップの店員さんに、あなたが欲しい服のイメージを的確な言葉で伝え、店員さんがすすめてくるアイテムも参考にしながら、不要と思ったら、きっぱりと断る勇気を持つ。この意識の持ち方は、あらゆる場面で主張をきちんと伝えながら、必要なサポートは受けるというコミュニケーション術としても役立つはずです。

Chapter 5 / 07

服を買ったら翌日に着る

「すぐ着る」、「何度も着る」が鉄則

新しい服を手に入れると、素敵に着こなしている自分を想像して幸せな気分になります。それがあなたに自信をつけてくれる「幸せ服」となれば、よりいっそうワクワクした気持ちになるでしょう。

新しく買った服への新鮮な気持ちをずっと持ち続けられるように、クローゼットに迎え入れるときは、歓迎の儀式をしてあげてください。

ショップの袋に入れたまま、着るまで放っておいたり、メーカーのタグを切らずにクローゼットにすぐにしまってはいけません。

新しい「幸せ服」の活躍は、家に迎え入れてからが本番です。今、すでに持っている「幸せ服」になじませ、活躍してもらうには、準備が欠かせません。準備を怠っているせっかくの新しい「幸せ服」が出番の機会を失い、「不幸服」になってしまうのを、

私は何度も見ています。

まずは、タグを切って、新しい「幸せ服」を眺めてみてください。

そして、すでにある「幸せ服」と組み合わせ、新しい服をデビューさせる日のコーディネイトを考えてみましょう。

ショッピングに行く前に、「この服に合わせる服を買おう」と思っていたはずですから、まずは、その服と合わせてみるのです。

自宅で着てみると、丈が長め、あるいは短めだったりして、トップスとボトムスのバランスが想像していたのとは違っていたり、コーディネイトにパンチを加えてくれるアクセサリーが必要だったり、何かしら気づくことが出てくるものです。

そうしたミスマッチのポイントを全部、チェックし、すっきりとしたスタイルに整えるためには、シャツにベルトをして丈を短めに見せたり、パンツの裾を折り曲げたりといった着こなしの工夫が必要です。

その微調整の時間が、新しい服には必要なのです。また、どの靴やバッグを合わせたらいいかも、事前にきちんと決めておいたほうが、着る当日になってから慌てなくて済みます。

些細な着こなしのポイントのように感じるかもしれません。でも、おしゃれ上手になれるかどうかには、こうした細かいポイントの積み重ねがとても大切です。些細に思えるようなポイントこそ、絶対に気を抜いてはいけません。細かいところにまで気を配ったことが着こなしの自信を支え、清潔感や洗練度につながるのです。

1日分のコーディネイトが決まったら、他の「幸せ服」ともコーディネイトが組めないか、いろいろ合わせてみてください。1着の新しい「幸せ服」から、新しいスリーコーディネイトが組めたら、着こなしの幅がもっと広がります。あなたの魅力を発揮できる新しい着こなしにどんどんチャレンジして、ショッピングしたときのワクワク感をさらに盛り上げましょう。

新しい「幸せ服」にとことん向き合って、いろいろなコーディネイトを考えるのはとても楽しい作業です。また、1着で十分おしゃれが楽しめるのも分かっていただけると思います。

何より大事なのは、せっかく買い足した「幸せ服」は翌日着ること。タンスのこやしにしないことです。そして何度も着ることで、服があなたに寄り添ってくれるのです。

その満足感で心が満たされれば、これまでのように「あれもこれも」と新しい服が欲しくなることもなくなるのです。

得するColumn-5　フォーマルウエア

■ デパートのセールで厳選すべきアイテムはコレ

冠婚葬祭用の服は着る機会が限られるため、いざという着用時にクローゼットの奥から引っ張り出してみたものの、デザインが若すぎたり、古ぼけてしまったり、サイズが合わなかったりすることが多いアイテムです。

気後れして、お祝いやお悔やみの気持ちをきちんと表すことができなければ、礼儀を欠くことになってしまいます。

使う機会が限られる洋服ですが、衣替えのタイミングで定期的にチェックし、買い換える必要があれば、時間があるときに探しておくことが大切です。

祝儀用のカラーフォーマルは、ストールやブローチ、ジャケットなどとの組み合わせ次第で、いろいろな変化がつけられる（何度も活用できる）デザインのものがおすすめです。

不祝儀用のブラックフォーマルは、デイリーな洋服より値段が高いことが多いので、デパートなどで定期的に開かれているセールなどを利用して計画的にいろんなデザインを検証して購入するといいでしょう。

使われている生地は、状態を長く保てるストレッチ性の無い生地なので、通常の洋服選びよりは若干ゆとりのあるサイズを選ぶと、立ったり座ったりの動作が楽になります。スカートは膝が隠れる丈を選んでください。試着のときに椅子に座って鏡で丈を確認したり、腕を伸ばしてみるといいでしょう。

カラーフォーマルもブラックフォーマルも、色とデザインが揃ったバッグ、靴も必要です。ドレスにあわせ、必ずセットで揃えておきましょう。

ちなみに、ブラックフォーマルの汚れはお店のハンガーについているスポンジカバーでこすると落とせますので、活用してください。

※2016年3月現在のものです。

エピローグ――センスは後天的に作れる

ファッションに自信がなかったCA時代

パーソナルスタイリストになり、9年の月日が経ちました。ファッションの世界に身を置き、毎日、大好きな洋服に囲まれて生きていますが、まさかファッションの本を書かせていただける日が来るとは、夢にも思っていませんでした。

私は小さい頃から音楽大学に行くよう育ってきたこともあり、音楽の世界での自信はあったのですが、ファッションについては、中程度のほう。でも、故郷の長崎から東京の大学に進学したときも、また航空会社に入社したときも、おしゃれ上手な素敵な方ばかりで圧倒されました。そんな環境のせいもあり、しばらくはファッションに対して自信が持てず、ナーバスになった時期があったほどです。

自分はどういう服の着方をしようか、雑誌を見て研究をしまくりました。そしてスクラップを思いついたのです。そのスクラップを真似てはやめ、真似てはやめの試行錯誤の日々でした。

でも、「本を書きませんか」というお話をいただいたときは、「ぜひに」とすぐにお返事しました。私の経験が少しでも多くの女性に勇気を与え、素敵に変身するきっかけになるなら、パーソナルスタイリストとして、これ以上の喜びはないと思ったからです。

私がパーソナルスタイリストを志すようになったのは、日本航空で国際線のキャビンアテンダントをしていた時代にニューヨークのデパートで出会った「パーソナルショッパー」の方が忘れられなかったからです。普通に暮らすお客様にぴったりと寄り添い、洋服を通して素敵な人生を送るお手伝いをする。そんなパーソナルショッパーの仕事がとても魅力的に見えたのです。

日本で同じような職業がないか、探してみたところ、パーソナルスタイリストという名前で活動していらっしゃる方がいることを知りました。私は意を決して日本航空を退社し、有限会社ファッションレスキューで7年間、修業させてもらいました。

じつは転職をしたとき、今、9歳になる娘を妊娠中で、しかも臨月を迎えていました。ファッションレスキューのパーソナルスタイリスト学校に入学するため、大きくなったおなかを隠して面接を受けたことは、いまだに学校の伝説になっているそうです。

当時の私はファッションセンスに自信があったとはとても言えないのですが、海外ステイ中に「その靴ステキね！　どこで買ったの？」などと笑顔で聞いてくれる多くの海外の方に出会い、少しずつ自信を持てるようになっていました。そして装いで人の人生を後押ししてみたいと思い、出産や育児というライフスタイルの変化があったとしても、どうしてもパーソナルスタイリストを一生の仕事にしてみたかったのです。

今、数多くのお客様と接するなかで、よく聞かれるのが「どうしたらセンスがよくなりますか」という質問です。

そこで私がお答えするのは、「センスは生まれ持ったものではなく、後天的に作ることができるものなんですよ」ということです。

ファッションを人に教えるほどの自信がなかった私がどうやってパーソナルスタイリストとして活躍できるようになったかといえば、素晴らしいファッションセンスを持っている周りの方たちに育ててもらったからです。

ファッションレスキューで私の成長を心から願い、ときに厳しく指導してくれたパーソナルスタイリストの草分けである政近準子《まさちかじゅんこ》さん、日本航空の先輩や同僚、お客様から装いやマナーの基本、人生や仕事に対する考え方を教えていただいたこと、おしゃれ好きな母の情熱、そして今、たくさんのお客様と接していることが、私を鍛えてくれました。

また、国内外の美術館やハイブランドのショップを見て回ったり、試着を繰り返すことで、ファッションの生きた歴史を学んだことも大きく影響しています。

今でこそお客様が「霜鳥さんみたいにありのままに、何かをあきらめず、やりたいことを叶えたい」と言ってくださったりしますが、「センスがよくなりたい」という気持ちを持ち続け、有言実行で動き、ファッションはもちろん、興味を持った美の分野の知識を貪欲に吸収してきたことが、今の私を支えてくれています。

スタイルは生き方に通じる

ですから、この本を読んでいらっしゃる方にも、ぜひお伝えしたいのが、「おしゃれをすれば、した分だけセンスは上がります」ということです。

お客様のスタイリングをしたあと、素敵に変身したお客様から「霜鳥マジックですね」とよく言われます。でも、魔法はひとつもありません。センスは経験と知識、そして、人を思う心が磨いてくれるものなのです。

私のお客様は、いろいろなプロフィールをお持ちです。今のお仕事や生活に悩んでいたり、働きたいけれど年齢や家庭環境を考えると躊躇してしまうという方もいます。ご自分の容姿に自信が持てず、積極的になれないと悩みを打ち明ける方もいます。でも女性は年齢、容姿にかかわらず、誰もが素晴らしいところをたくさん持っています。ときには周囲の方はもちろん、その方自身も見逃している素敵な部分に私が気づくこともあります。

パーソナルスタイリストは、そんな方たちの背中をポンと押し、前に進む一歩を踏み出すお手伝いをする仕事だと思っています。

できれば、日本の全女性をその方に合った素敵な「幸せ服」コーディネイトで変身させたい。でも、一人の力には限りがありますから、すべての方に直接、お目にかかることは残念ながらできないかもしれません。

お会いできない方たちにも、この本を通じて、ファッションが持つ幸せのパワーをお伝えすることができたら……。そんな想いで、私が持っている装いのノウハウを総動員してみました。

私が忙しく飛び回っているようなときでも、いつも笑顔で私を支えてくれる主人、娘、父母、大切な友人たち。そして同じ志で服の力を信じ、お客様を素敵にしようと奮闘しているスタッフやビジネスパートナーの皆様、ファッションのことを一から教え、今の私の基礎をしっかりと作ってくださった政近準子さん。また、サービスをご利用くださり、これまで支えていただいたすべてのお客様に心から感謝いたします。この本を送り出すことができたのも、皆様の励ましがあったからです。ありがとうございました。

最後に、本を出すにあたり、思いを本という形にしてくださった大和書房の長谷川恵子さん、声をかけてくださり、ライティングを手伝ってくださった角田奈穂子さんにも、本当に感謝しています。

女性の魅力を十二分に引き出す「幸せ服」が、あなたの人生を豊かに、そして素敵にしてくれるように願っています。

スタイルは生き方に通じます。

いいえ、生き方がスタイルを作るとも言えるのです。

２０１６年４月　霜鳥まき子

コラージュ　得するColumn-6

■ おしゃれ心理診断なら手作りコラージュで

自分が、本当はどんなファッションが好きなのか、ひいては、どんなライフスタイルを求めているのかを見極めるのにおすすめなのがコラージュ作り。

用意するのは、A4サイズの白（または好きな色）の画用紙、ファッション雑誌やインテリア雑誌など関心のある分野の雑誌2～3冊。掲載アイテムの価格帯は無視して、好きかどうかを重視して選んでください。

さて、制限時間は1時間。まずは「好き」「かわいい」「素敵」と感じた写真をどんどん切り抜いて、さらに好みを絞り込んで台紙に貼り付けます。

できあがったコラージュを見てみると、「私って、こんなものが好きなのね」という、おおよその方向性が分かってくると思います。もしかすると、予想もしていなかった自分の趣向が分かるかもしれません。

できあがったコラージュは、ぜひ部屋の目立つところに貼っておいてください。毎日、見ているうちに、きっとなりたい自分に近づくことができます。

※ 2016年3月現在のものです。

霜鳥まき子
(しもとりまきこ)

パーソナルスタイリスト。
株式会社シモトリパーソナルスタイリングオフィス代表
青山学院大学英米文学科卒業後、日本航空国際線CAとして10年間勤める。海外で経験したパーソナルショッパーという職業を通し、もっと人の人生に携わることができる仕事に就きたいと、政近準子氏に師事。2011年独立。約1万人のパーソナルスタイリングを通して、クライアントの人生そのものに寄り添ってきた。
コーディネイトだけにとどまらず、クローゼットチェックからショッピング同行、美容院同行でトータルプロデュースを行っている。品格がありながらもいきいきとした大人の女性に生まれ変わるスタイリングが定評で、テレビ、雑誌などでも活躍。プロのスタイリストがアドバイスするアプリ「STYLING ME」のサービスも。ショップチャンネルに内でオリジナルブランド「BLESS U(ブレスユー)」を展開中。
http://shimotori-personalstylingoffice.com/
STYLING ME ／ https://styling-me.com/

40歳《さい》を過《す》ぎると、生《い》き方《かた》は装《よそお》いにあらわれる

洋服《ようふく》で
得《とく》する人《ひと》、損《そん》する人《ひと》

2016年 5月 1日　第1刷発行
2017年 11月30日　第5刷発行

著者　霜鳥《しもとり》まき子《こ》
発行者　佐藤 靖
発行所　大和《だいわ》書房
〒112-0014
東京都文京区関口1-33-4
電話：03-3203-4511

ブックデザイン　荻原佐織（PASSAGE）
カバー写真　masaco
イラスト　トリイツカサキノ
企画・構成　角田奈穂子
校正　メイ
印刷所　歩プロセス
製本所　ナショナル製本

©2016　Makiko Shimotori Printed in Japan
ISBN978-4-479-78351-0
乱丁本、落丁本はお取替えいたします。
http://www.daiwashobo.co.jp/

大和書房の好評既刊

フランス人は10着しか服を持たない

ジェニファー・L・スコット著／神崎朗子訳

パリのマダムが教える上質な生き方。満足いく食事のために間食しない、ワードローブは10着、ミステリアスになる、教養を高める…　定価（本体1400円＋税）

フランス人は10着しか服を持たない2

ジェニファー・L・スコット著／神崎朗子訳

待望の続編！　広い家でなくても、豪華な家具がなくても、お気に入りに囲まれて、オシャレをして、毎日を特別な日にする方法。　定価（本体1400円＋税）